以

用活得這麼累

Tess Liu 著

前言

人生，越活越短。什麼事對你來說才是最重要的？當然是活得開心！但是每天一睜開眼，每個人都會碰到不同的鳥事，白眼翻到天邊都來不及了，該怎麼開心？其實只要簡單兩步驟：為自己早起＋為儲蓄明日精力早睡。先一步改變生活態度，就能先一步享受美好人生！

早起能帶給你一天清新的活力與元氣。許多成功人士都喜歡利用清晨這段時間來做點事，而這個時候也是大腦最清楚的時刻，做起任何事情來都會相當的有效率和活力。

夜晚則是結束一天，讓身心休養以迎接明日的最佳時刻。一個有積極人生規劃的人，總是懂得留些時間給家庭——享受夜間與家人相處的時光；再撥點時間給自己——利用夜間學習、沉澱或冥想；之後便早早就寢，因為明日又是一個得為理想打拚的日子。

本書就是要讀者抓緊早上的大好時光，利用許多人都還在沉睡的清晨，給你一點建議來提升、活化自己的腦細胞。還要告訴你「如何擁有一個良好的夜間休養時光來養護自己」。

別再因為要趕上班而早起，你應該「為自己」早起！別再浪費時間無意識地坐在電視機前，或者熬夜傷身地在網路世界裡消磨生命，你該為了「儲蓄明日精力」早睡。不想再過著沒精打采、鬱悶不已的每一天，你只要做好這兩件事就夠了。

改變，就是現在。想要好心情？做，就對了！

目錄

前言

第一章 一早就有好心情

第二章　睡醒立刻有元氣

第三章　帶來幸福的早晨時光

第四章 幸運的每一天

第五章　帶著好心情出門

第六章　享受美好的夜間時光

第七章　給自己一個舒適的窩

第八章　為明日的活力做準備

第九章 夜晚的好習慣

第十章 一夜好眠，心情自然好

第一章

一早就有好心情

1. 在早晨說出夢想，維持一天滿滿動力

早晨的時光是值得珍惜並好好利用的。時間每分每秒都很珍貴，而且「好的開始是成功的一半」，如果一早起床，可以對著自己眼前的晨間氛圍說出自己的夢想，也許是今天上班的路程一路順利，不要遲到；也許是今天能做完工作進度；也許是那位暗戀已久的男孩、女孩能看我一眼或者與我說句話。

「As you wish」保持這樣的信念，你想要的上天會找機會給你，而這也是維持你一天動力的最好來源。前提是，你要的是正面的東西，是你正在努力經營著，最後期望獲得的成果，只要你努力並誠心祈求著，到最後你想要的上天都會賜給你。

要知道「Life is difficult」，這是事實，每個人也都知道。如何在千篇一律、必須面對現實的日子裡，替自己找到動力的來源與維持希望的心境？其實，早晨起來對自己說出夢想，就是讓自己更容易接近成功的關鍵！

再次強調以上所說的夢想，是指你正在努力經營或是正面思考的東西，如果你的夢想屬於「白日夢」，或是企圖要不勞而獲的成分居多，就不在我們的討論之內了。

2. 寧靜的獨處時光

「當獨處被當作壞事，當一個人必須為獨處道歉、找藉口，且隱藏需要獨處的事實，就像隱藏一件不可告人的事時，這對我們的文明是多大的汙辱！」

——安．瑪格．林柏夫（Anne Morrow Lindbergh）

偷閒，重新整理和找尋時間並重振士氣，如此才能應付永不止息的差事。所以，懂得享受自己的獨處時光，才是能夠真正了解人生並懂得如何善用時間的人。

不論是單身還是已婚人士，都要懂得善用及享受獨處的時間，能夠擁有這樣寧靜的獨處時刻，其實是很值得珍惜的一件事。單身的人要想著，總有一天這樣寧靜的獨處時刻會被另一半或是未來的家庭佔據；已婚的人在忙於家事及維持和諧的家庭關係時，若能得到這難得的獨處時光，便是沉澱自己心靈和想法的最好時機。

想要擁有這樣的獨處時光一點都不難，在早晨按下鬧鐘的那一剎那，就起身讓自己先感受早晨的氣味與氛圍，在家人都還在睡夢中時，即使你的身體還懶洋洋地躺在床上想賴床，或者接下來得忙許多公事，但你還是要告訴自己，好好在這樣的早晨時光裡，先給自己一個喘口氣的機會。

也許在你按下鬧鐘的同時，接著再按下音樂的播放鍵，或者是掀開被子感受早晨帶有涼意的空氣，這些看起來微不足道的小動作，卻是能帶給自己一天當中活力和感悟的來源。記得用心去感受身邊的事物，即使再微小，對你而言都是一種積極的感受，也是讓你產生正面人生意義及想法的真諦。

懂得珍惜早起的獨處時光，即使是三分鐘或是半小時都好，相信一定會讓你的心情平靜並且感到滿足，對於接下來一整天的忙碌與挑戰，絕對是有幫助的。

3. 清空昨日的負能量

「一日之計在於晨」，無論你昨日遭遇了什麼困難或是不順心的事情，新的一天就是新的開始，學會在早晨起床前放空自己，就是讓身心靈有個沉澱的機會，以便好好迎接今日。

學著與自己的心靈做溝通，思考著為什麼要執著或是糾結在某件事上，藉由放空，可以想開很多事情，對接下來一天要面對的每項挑戰，絕對是有正向幫助的。人們最怕的就是把自己鎖在死胡同裡，該做的事情沒有得到解決，還浪費了時間和力氣。

至於要如何放空自己呢？可以試著閉上眼睛靜坐，什麼都不想，把注意力集中在你的呼吸上，慢慢調整呼吸。隨著規律的呼吸頻率，你的心會慢慢靜下來。更深度的來說：先把身體放輕鬆，再調整到一個最舒適的姿勢，這時也可以放一些音樂，然後讓自己集中在一個點上，例如自己的呼吸，或是一個心情感受。如果察覺到意識跑掉了，就讓自己再回來，如果又跑掉了讓自己再回來，不斷地重複練習。

這個練習只是過程中的一部分，每個人的意識都會跑掉，長時間的練習後，你會很清楚自己內在的心識脈絡；更進一步的練習是，進而讓自己成為一個第三者，靜觀著自己內在的心識脈絡，那時的你便是空的，你可以空到接納自己所有的心識脈絡——訣竅是接納而不是排斥。「放空」是練習從三秒的放空進步到十秒的放空，再從十秒的放空進步到二十秒的放空，不斷地練習才能到達長時間的放空。

學會在早上就能達到心靈平靜的境界，對於一整天的待人接物，便會有成功的驚人體悟。

4. 享受晨光，曬出好心情

即使夏天的陽光再怎麼刺眼，會曬傷人，但是跟陰雨比起來，大家還是喜歡看到耀眼的陽光。

陽光的確是給多數人好心情的一個重大原因，一大早起床睜開雙眼，看到明亮的陽光，會讓自己有多一份的意願與動力起床去面對一天的挑戰。所以，常常保持這樣的情緒，讓自己藉由早晨的陽光，提升生活的能量與活力，是積極面對人生的不二法門。

適度的陽光對人體有許多好處，例如可以促進體內維生素D的活化、提高鈣質的吸收、強健骨骼及牙齒功能。因此只要做好防曬的工作，曬曬太陽遠比只躲在室內吃保健食品來得有助益。

如果有時間的話，可以選擇在一早起床後，到前院或是陽台曬太陽，做做暖身操。即使什麼都不做，站在晨光中去想想昨天、想想今天該做什麼事，相信對提升自己一天的精神會有不少的幫助。

5. 對新的一天懷抱希望

成功的定義因人而異，每個人的成功目標也各不相同，但是不可諱言的，能夠把握時間這項因素，絕對是讓人邁向成功之路的一個關鍵要素。太多的名言佳句都在告訴你早晨是一個多麼重要的時機，只要能把握早晨時光，那麼你做任何事想要達到成功的目標也就越來越容易。

早上起床時，你可以在自己的腦海裡快速想著四大方向：喜歡、目標、自律、堅持。因為喜歡著什麼，所以它會讓你產生目標。為了讓自己達成這個目標，很多事情你便會開始自律，雖然在成功的路上難免會有挫折，可是堅持下去才是贏得勝利的不二法門。以這段看似簡單的話為自己訂定目標，就可以把它當作是你邁向成功的一種規律。

當你對新的一天懷抱著夢想，那麼你的心情自然是喜悅的，並會因為這樣而喜歡上某個事物進而產生目標。簡單來說，你想要在通勤列車上遇見你想看到的那個女孩，所以搭上通勤列車就變成重要的目標。此時你不會賴床，而準備出門的時間全都因為想完成目標而產生了自律，之後你快步出門往搭車的方向前進，經過一連串的努力及堅持，你搭上了通勤列車，看見了你想遇見的人，也帶給你一天的好心情。這樣距離成功是不是又更近一點了呢！

6. 輕鬆提升正能量

在晨間時光就讓自己充滿正能量，不但可以讓自己看起來神清氣爽，也能有效幫助自己一天的運作，並順利獲得好人緣。在日常生活中，能產生正能量的東西不少，很多東西也都是相當簡便並且唾手可得。

例如可以在屋裡擺上一盆鮮花，象徵生氣，而想要有好人緣的人切記，千萬不要在臥房裡擺塑膠花。如果可以的話，在室內擺上一台負離子清淨機，也是淨化空氣並消除負能量的好工具。

飲食也是可以讓人瞬間提升正能量的好幫手，最簡單的方法就是喝一杯黑咖啡當作提升能量的工具；注重養生的人可以自己榨一杯生鮮蔬果汁，更講究的就喝一杯精力湯。無論如何，你要知道到底哪些東西或方法是可以讓你提升精力的，照這個方法去做絕對不會錯。

7. 回想過年期間早晨的愉悅心情

一年當中沒有比等待過年的連續假期更令人期待了，相信所有的上班族都期待著在過年氣氛中，可以慵懶地睡到自然醒，不用重複著平常必須跳起來工作的那種無奈感。

而過年期間的早晨時光，與平常、假日的早晨時光又有什麼不同呢？第一就是，這可能是個令人期待已久的長假，少則四五天，多則超過一個星期，因此對年假必定是非常地渴望及珍惜；第二，過年期間的早晨通常是前一夜的守歲氣氛延續到第二天，不論你前一晚是打通宵的麻將或是撲克牌，又或是看電視、電影到深夜，此時熬夜的心情是放鬆的，第二天的早晨時光自然是帶著滿足的心情醒來。

第三個不同之處，是摒除過去一年的消極心態。過年就是新一年的開始，不論是新曆年或是農曆年，都是萬象更新的好開始。自古以來，人們無不想在這個吉利的日子裡獲得好兆頭，所以就有很多應運而生的民俗活動，例如搶頭香或是一早到廟裡拜拜討喜氣。此刻你的心情是充滿希望及期許的，就算是平日見慣的陽光、氣味或環境，在這段期間內對你而言都帶有不同的感受。

看到這裡，能夠體會出過年期間的早晨時光，有什麼是你在平日感受不到的嗎？是的，就是「珍惜」、「滿足」、「希望」、「期許」。如果可以，在充滿無奈感卻又必須打起精神面對一天挑戰的平日早晨，回想你過年期間早晨的愉悅心情，就能帶給你一些正面的能量喔！

8. 睡好覺，起床自然好輕鬆

「下床氣」又稱「起床氣」，實際上，在醫學專業理論中並沒有這樣一個名詞或疾病。「下床氣」其實是一種情緒，一種處理主觀睡不飽，又要被叫醒的應對態度。「下床氣」通常會發生在小孩或青少年的身上，因為他們的個性尚未完全成熟；另一種情況則是會發生在情緒管理稍微不佳的人身上。

有沒有「下床氣」跟自己的心智年齡有很大的關係，思想越成熟的人越不會有下床氣，所以這和實際年齡幾歲並不成正比關係，而是跟自小養成的習慣有關聯。因此想要當個成熟的人，避免讓自己有「下床氣」，你要做的第一件事就是：學會在早晨主動醒來，並讓它變成一種好習慣。

通常會有「下床氣」，不外乎就是睡眠狀態不佳時硬要被叫起來。這裡有一些方法可以減少「下床氣」的產生。一是給予充足的睡眠，從加強睡眠時間的長度與品質著手。最適當的睡眠長度是在六至九小時之間，如果有睡飽或至少睡滿六小時，「下床氣」的情形會比較減緩。另外，要讓自己的睡眠有品質，睡前注意不要喝太多水，免得半夜一直爬起來上廁所，還有睡前不要想太多煩心的事情，想太多會直接影響心情，進而反應在睡眠上面。

減少「下床氣」的另一個方法是對睡眠這件事負責。建立對自己睡眠的責任，是現代人要有的一種觀念與生活態度。你應該著手進行該有的「睡前規律作息」，並充足睡眠，房間不要有太多干擾睡眠的物品，例如電腦，或者電視不要開著到睡醒才關。

記住，讓自己的內外身心狀態調整到睡眠需要的平靜，才能有好的睡眠品質，「下床氣」這種壞習慣自然不會找上你。

9. 讓生理時鐘自動叫自己起床

根據佛洛伊德（Sigmund Freud）的理論，人的心靈（mind）由意識（conscious）與潛意識（subconscious）所構成。潛意識代表衝動及原始本能的儲藏庫，影響我們的想法及作為，但大部分的人都不自知。

人體的生理機能不需要意識來管理，身體自己會呼吸，腸胃自己會消化，心臟自己會跳動，腦下垂體自己監管各種賀爾蒙的分泌，免疫系統自動防禦入侵體內的細菌、病毒，這一切都由低層潛意識包辦。上面所述的低層潛意識雖然是「低層」，不過它的運作卻是非常高級而複雜。

說了這麼多就是要告訴大家，人的身體自然有一套系統可以管理生理機能上的需求，就好像把程式寫入晶片一樣，該走哪些軌道、執行哪些指令，在正常的狀態下都會如期執行。

如果可以把所謂的「生理時鐘」看成是潛在意識的表現，那麼每天早上應該要幾點鐘起床，你的潛意識便會自動執行這樣的指令，自然「賴床」、「痛苦」、「不想早起」等種種問題，就不會再存在於你每天早上的生活當中。

因此，好好善用自己本身的潛意識，也就是生理時鐘，並在起床時自動啟動你的潛意識，早起便會成為一種主動的行為，而不是件被動又勉強的事情囉！

10. 音樂是最佳的療癒工具

免疫系統是最好的「醫生」，但同一片土地上，同樣吃五穀雜糧，也面對氣候反覆無常的變化，為什麼有的人會生病，有的人卻不會？這是因為人體免疫系統的強弱不同。

這裡暫且不討論複雜的生理免疫系統的運作及概念。以生活上來說，會影響免疫系統很大的因素，是壓力以及精神抑鬱，而長期焦慮也會削弱免疫系統抵抗疾病的能力。那該如何降低精神上的壓力呢？在早晨，我們可以做的最簡單的事情，就是聽音樂。

音樂是最佳的療癒工具，研究證實，音樂可以讓身體放輕鬆，好的音樂更可以紓解壓力，避免因自律神經緊張失調而導致慢性疾病的產生。而所謂的

「好的音樂」，最好是具有心靈療法的音樂，例如古典音樂、輕音樂，或者像是在瑜珈中心可以聽到的音樂類型一樣，這樣才可以有效的舒緩情緒。

另外，音樂也可以做到某些程度的心靈治療，亦可以刺激腦部、活化腦細胞。適當的音樂刺激對腦部的活動有很大的幫助，甚至能達到防止老化的功效。每天聽一小時音樂，可以大大減輕關節炎、風濕等病人的疼痛程度和壓抑感。

所以趁早起時聽聽有幫助的音樂，養成這樣的習慣，對身體健康及心情都有積極、正面的幫助。

第二章

睡醒立刻有元氣

11. 品味早晨的美好時光

平時，我們的心（意識）都和其他器官如眼、耳、鼻、舌、身，一起來認識、熟悉這個世界。心和眼睛在一起作用，才可以看見；心和舌頭一起感應，才能嚐出味道的甘苦，所以心和眼、耳、鼻、舌、身合起來的活動，稱作「五俱意識」，意思就是用這五種感官一起來分辨世界。

然而，到晚上睡覺的時候，眼睛不看東西，耳朵不聽聲音，身體也不動作，只有心仍舊獨自工作，於是很常聽到人們說：「傾聽心的聲音」、「心的跳動聲會帶給我穩定感」等這類的句子。

提到以上這些，就是要大家善用自己天賦具有的五種感官來體驗早晨的感受：用雙眼去觀看早晨的萬物；用耳朵去傾聽早晨的聲音，也許是鳥叫聲、汽車喇叭聲、鬧鐘聲，甚至是沖馬桶或盥洗的聲音；用鼻子去聞早晨的味道，也許是牙膏的薄荷香味、開冰箱拿出水果的味道、一早剛出爐的麵包香；用舌頭去品嘗早晨的味道，牛奶的香醇、母親或情人的愛心早餐；用身體去感受早晨的律動，做做晨間操等等。

若能用五種感官去細細品味早晨，那麼你的心自然就會告訴自己，如何跟隨早晨的步調，讓你更加把握早晨元氣滿滿的美好時光，以備迎接每一天。

12. 心情決定一天的開始

從晨曦劃破天際起，早晨就像這世間一樣開始沾染了許多味道。當然，它端看你是用何種心情起床，那麼在你的嗅覺中或是心中的味道，便隨之不同。

假如一天的開始，你是抱持著積極正面的態度醒來，準備迎接這一天中該有的挑戰，在你眼中的早晨就會如同初陽般清新。此時，自然萬物對你發出的召喚，會引領著你去品嘗各種味道，例如煮咖啡的味道，明知味道是醇苦的，你仍會欣然的品嘗並喜愛它。

假如你抱持著負面的態度醒來，覺得人生為什麼要這麼痛苦，每天早起為上班、為上學，完全不想從中得到成就感，那麼在你嗅覺中和心中的味道，早晨就像隔夜的茶，冷而澀口，即使端上一塊熱騰騰抹了奶油或果醬的吐司，早晨在你心中也是苦澀無味。

所以即使你知道自己要面臨什麼挑戰，知道痛苦、心酸等負面情緒籠罩著你，但為了要能夠自我調適，你必須要學會品嘗早晨的味道，試著把苦澀轉為香醇，就像加了奶球和糖包的咖啡一樣，而不是把香滑的奶油吐司看成了澀口的隔夜食物。

早晨的味道是否美好，端看你用什麼心情去品嘗。

13. 脫離依賴鬧鐘的困境

一個人會不會主動起床，最重要的是有沒有心。如果你存心不想起床，或者是偏愛賴床，那麼就算手機設定了好幾個鬧鐘，你還是一樣會關掉再睡。有一種情況大家應該都曾經有過，假如隔天是期待已久的旅行，即使凌晨四點就必須起床準備搭飛機，也沒有人會願意賴床，這時你根本不需要藉助鬧鐘，而且大概會在該起床的時間之前就先醒來。

如果你是一個有責任感，或是自律甚佳的人，其實都不會太依賴鬧鐘，因為在睡前你就已經告訴自己明天該在幾點起床，而如果真的無法準時起床，有幾種方法可以讓你脫離依賴鬧鐘的困境：

(1) 睡前多喝兩杯水，就算你再怎麼想睡，到了隔天也會被尿意逼醒而不得不起床去上廁所。

（2）窗簾選擇透光性佳的布料，第二天一早你就會被滲進來的陽光給自然喚醒來。

（3）定期更換鬧鐘的聲音，不要讓自己習慣某種聲音。因為當鬧鐘一響起時，你可能會無意識、自動地關掉並繼續賴床。

（4）最根本的辦法是要有定時、規律的作息。每天告訴自己該幾點鐘上床睡覺，幾點起床。

（5）至少要有六個小時的睡眠，如此可以減低因睡眠不足而想賴床的問題。

以上提及的一至三點，都是一種過渡時期的辦法。當你逐漸養成自律的起床習慣之後，就要擺脫這種比較消極的起床方法，畢竟以正常、規律的生活來說，那都不適宜長期使用，也不人性。

☼ 14. 握拳喚醒器官機能

有沒有發現，當你睡醒的時候，雙手是無法緊握起拳頭的，而且還會有一種無法出力的感覺，你的腳偶爾也會麻麻的，不太能正常使力。這是因為人在經過一夜的睡眠之後，血液由於一夜滴水未沾而變得較為黏稠，這時頭腦也會比較昏沉，所以當你一覺醒來馬上就下床行走，或是匆匆忙忙地趕著梳洗上班，都會對身體有很不好的影響。

這時，你可以讓放鬆一夜的身體，藉由握拳的方式，逐漸喚醒各個器官的機能，讓身體能漸漸跟上腳步，告訴它現在已經是一天的開始，需要開始勞動了。

通常醒來之後，你可以在被窩裡感受餘溫，並進行緊握拳頭的手部運動，它會是一種很好的晨間生活習慣。至於為什麼要在被窩裡？那當然就是擔心著涼囉！等身體漸漸適應被窩外頭的氣溫，再下床去準備一天開始該做的事吧！畢竟如果不注意這些小細節，很容易讓身體產生小毛病喔！

15. 淋浴提振精神與活力

淋浴的習慣中外不太一樣。外國人以早上淋浴居多，這是因為他們的環境和氣候與台灣不一樣，所以白天洗澡並不會給人不衛生的感覺。但是也有人會在晚上洗過澡，早上再簡單的淋浴一次，所以要說是晚上洗澡好，還是早上洗澡好，看個人的生活環境及習慣即可。

不過，早晨起床有時間的話，花個三五分鐘做個簡單的淋浴，對提神醒腦是有很大的幫助的，同時，它也可以讓你身心清新地迎接新的一天。此外，如果你剛好有段時間處於壓力大的環境下，也可以藉由淋浴讓自己紓壓，方法如下：

當你早起無精打采時，可來個溫水與冷水交替的淋浴，它能提振精神與活力。以絲瓜絡或刷子，從足底往心臟方向轉圈刷洗，加強血液循環。這個淋浴時間不宜超過五分鐘，沐浴精可嘗試選用柑橘類、薄荷類等香味。

當你想消除壓力時，可用微熱的溫水，從腳底往上沖，並在雙腳及腹部處按摩，它能幫助血液循環。這個淋浴可進行十分鐘左右，沐浴精方面選擇具有鎮定成分的，如薰衣草、茉莉或檸檬等。沖洗完畢後用抗壓舒緩精油在肩頸處按摩揉壓，便可達到立刻放鬆的效果。

清晨迅速地淋個浴、洗個頭髮，能使愉快的心情更加神清氣爽，而且剛洗完的蓬鬆頭髮，也可以給你一整天的好髮型和好心情，一早出門上班完全不用擔心。

16. 在有葡萄柚果香的晨間裡甦醒

葡萄柚散發著容易令人接受的果香，它富含柑橘的清香，也有獨特的清新味道，不論放在室內或是室外，都有清新而令人愉快的香氣。

如果可以滴上幾滴葡萄柚精油，或是將新鮮的葡萄柚擺在屋裡，這種有助人體心情及健康UPUP的氣味，不僅可以在室內飄散，同時也有驅趕蚊蟲的效果。此外，葡萄柚皮含有豐富的維他命P，也有助於保持牙齒和牙齦的健康。而把葡萄柚皮放在水中煮沸約二十分鐘後，濾掉殘渣，飲用汁液，便可攝取大量的維他命P。另外，早晨喝一杯葡萄柚汁更有預防便祕的功效。

看完這篇文章，會不會想在有葡萄柚果香的晨間裡甦醒？是不是覺得你馬上會有充滿健康活力的一天？下回不妨在室內點上葡萄柚精油，或是擺上幾顆還未熟透的葡萄柚讓它自然熟成，你便能吸收到天然的果香喔！

17. 早晨開窗，提神醒腦

好房子一定要有通風且採光良好的窗戶，就算是不注重風水的人，為了有健康的生活品質，開窗通風就顯得非常重要。

有很多人因為怕冷、擔心受寒，常在冬天的時候，二十四小時緊閉窗戶，還拉上厚厚的窗簾；而夏天一到，這些人又怕熱、怕流汗，一整天在室內使用冷氣，以至於打開窗戶讓自然風及陽光照射進來的機會大大減少；再者，一遇到下雨打雷，害怕窗外的雨滴會灑進室內，又理所當然的關起窗來……然而，這時如果可以打開窗戶十分鐘，讓家接收一下最自然的雨天氣候，其實也無傷大雅。

所以，不管天氣再怎麼多變，一天當中一定要有一段時間打開窗戶讓屋子通通風。以居家風水的觀點來看，一個人常待在一個緊閉的房間中，或是在屋內整天拉上窗簾，對這個人的運勢及氣場都會有負面的影響，因為身體吐出的氣，沒有地方可以去和新鮮的空氣循環，長期處於這樣的空間下，會有精神不振的影響。

以健康生活的觀點來看，打開窗戶讓空氣對流，是清新環境最天然的方法。如果你介意室外空氣品質，不妨買台空氣清淨機，讓室外與室內空氣循環交替，吸取空氣中的天然負離子。當然，免費又最好的方法，就是每天找個時候打開窗戶。

一早起床，如果可以拉開窗簾、打開窗戶，呼吸一下屬於早晨獨有的氣味，順便伸出雙手去感受一下當天的氣溫，對於一天的提神醒腦，以及在溫度多變的季節交替時節，選擇穿哪件衣服出門，都有直接、有效的幫助。

18. 早晨按摩，血液循環更順暢

每天早上起床後，為了讓自己迅速、有活力的迎接一天的開始，淋浴除了是一個好方法之外，試著在晨光裡為自己按摩一下，有助於提神醒腦，並讓自己的血液循環更加順暢。

幫自己按摩還有另一個好處，就是可以增加與自己身體接觸的機會。現代人生活忙碌，不少人甚至連自己的身體狀況與營養需求都不清楚，藉由按摩，你可以讓自己更加了解身體各部位機能的健康狀況。

以下介紹兩種手部穴位按摩，既簡單又可以快速趕跑瞌睡蟲，讓自己盡快有個清新健康的一天。方法如下：

第一種：右手大拇指與食指輕輕夾住左手大拇指指甲兩側的凹陷處，以垂直方式輕輕揉捏此穴位，主要按摩點在食指。慢慢出力揉捏，不要用蠻力，按完左手再按右手。此種方法可以有效減輕疲勞引起的頭痛不舒服，有助於提神醒腦。

第二種：右手大拇指按壓左手大拇指指骨下方，隆起像雞腿肉的這塊區域，這裡也是脾的反射區。先按左手再按右手，拇指按下去後，輕揉每個地方，感覺痛的地方可多揉。此種方法可以增強脾胃功能，避免昏沉想睡。

19. 簡單小動作，元氣大加分

早上醒來很多人還是會有頭昏、睡眠不足的情況，這時候可以運用一些簡單的動作讓自己提神醒腦：

（1）**做晨間瑜珈**：舉起右手，彎曲食指及中指，貼至掌心，將拇指放在右鼻孔上方；無名指及小指放在左鼻孔上。拇指輕壓住右鼻孔，由左鼻孔深深吸一口氣，吸氣之後，用無名指及小指輕壓住左鼻孔，然後放開右鼻孔上的拇指，由右鼻孔緩慢將氣呼出。右鼻孔的氣呼出之後，隨即由右鼻孔深吸一口氣，吸氣之後，用拇指輕壓住右鼻孔，然後放開左鼻孔上的無名指及小指，由左鼻孔緩慢將氣呼出。重複上述呼吸方法十至二十次。這個簡單的呼吸法可以幫助淨化鼻腔、提神醒腦，並可以預防感冒。

（2）**喝一杯提神醒腦茶：**可以運用迷迭香本身具有的抗老化功效，另外搭配馬鞭草、香蜂草和甜菊，替自己來杯晨間醒腦飲品。

20. 體內環保，喝水最好

喝水是每個人都必須重視的一項習慣。早上起床的時候，一定都會覺得口渴，那是因為一整個晚上流失掉的水分正等著你在早晨補充，所以早晨要喝水。此舉還可以有效幫助排便，預防便祕。

喝水雖然是再平常不過的一種習慣，可很多人還是不喜歡喝水，樂把飲料當水喝。其實喝水也有很多學問的，而且和減不減肥都沒有關係。當然正在減肥的人更是要記得多喝水，這樣才可以幫助你代謝掉身體裡頭一些不必要的東西。記得隨身都帶上自己的水杯，每天至少要喝兩千ＣＣ的水，這樣不但能做到體內環保，也可以隨時補充所需的水分。

另外，健康的飲水方法是喝溫水。無論是在炎炎夏日或是剛運動完的時候，許多人都喜歡灌好幾口冰水解渴，這其實是很不好的習慣，因為此時身體體溫與冰水溫度落差太大，容易造成心臟血管的負擔，所以無論在何時喝水，記得都要以溫水或是室溫的冷水為原則比較好。

此外，很多人會問到底一天該攝取多少水分才是對的，有個簡單的小公式讓大家參考，就是一公斤×三十CC。也就是說，假設你的體重是五十公斤，一天就要喝上一五百CC的水，以此類推。這樣知道自己該喝多少水了嗎？但記得是要平均在一天喝完，一次灌太多水，或是喝太少都是不好的。

另外，你若可以在早晨喝杯水，就是利用喝水的簡單方法來替自己做體內環保。早晨醒來之後，空腹喝下一杯溫開水，能幫助自己清除體內的毒素及宿便，所以大家都要好好利用早起的這段時光呀！

21. 善用寧靜的清晨

「草木也能入眠的丑時」指的是半夜一點到三點。在早期農業社會的型態裡，日落而息，所以丑時大約是大地最寂靜的時刻了。但在現今這個時間飛快的科技時代，丑時對多數人而言不再是沉睡的時間，相反的，還有大批的人在工作，甚至嬉鬧著。於是在現代社會，最寂靜的時刻，大概變成清晨的寅時了。

如果說你能夠而且願意當個早起的人，把握寅時（凌晨三至五點），你就比別人多了更多可利用的時間，原因是這段時間最安靜，你想做什麼事情都不會有人打擾你。以夏季來說，清晨四點多已是天將亮的時刻，很多習慣早起的人也都是在這段時間裡就起床活動，因此凌晨四點起床一點都不會太誇張。

在不受打擾的寅時，不會有電話、電子郵件等繁瑣事務打擾你的思緒，如果你習慣有一段屬於自己的時光，可以選在這個最寂靜的時候靜思、運動、寫日記、確定今日的行程，或是回信給別人都相當好。

常言道：「早晨的一小時等於深夜的三小時」，早起不僅對身體好，思緒也較清晰且不易昏沉，是適合讓自己做一些靜態工作或沉澱身心的好時光。所以，不妨給自己一個機會試試，看自己是否可以當個寅時時光的善用者。

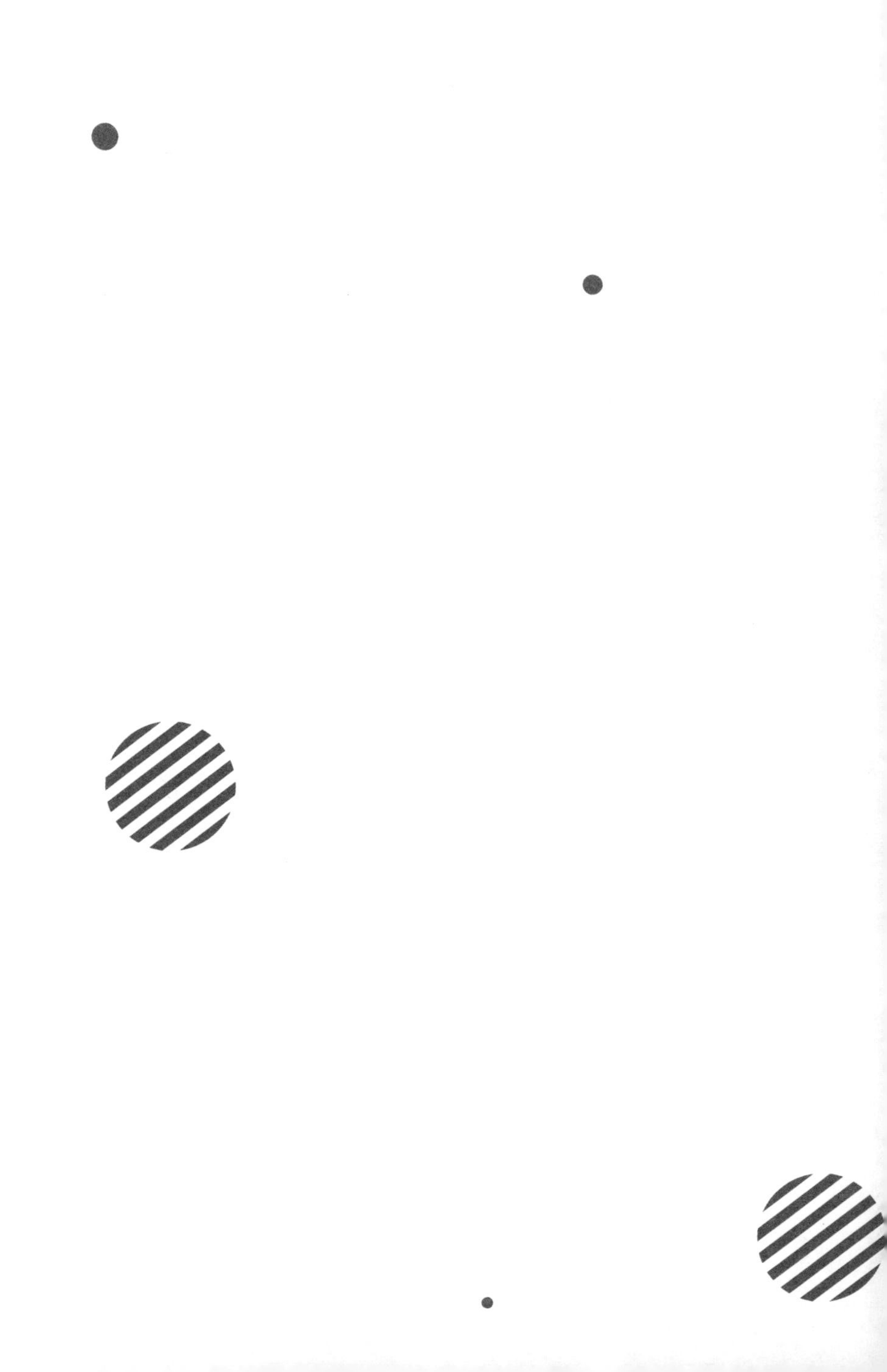

第三章

帶來幸福的早晨時光

22. 日出的感動

日出的感動，不是只在特定的時間才會有，因為這樣的大自然魅力，每天都無私地在全世界各地上演。只是人們往往在特殊的日子才會想起它，花時間，甚至花大把銀子去欣賞。跨年的日出和平日的日出不一樣嗎？大溪地的日出難道就跟自家樓頂的太陽不同嗎？為什麼你願意花錢在國外早起看日出，感受大自然的氣息及上帝的藝術品，卻忽略了這個你每天不用花一毛錢和任何負擔就可以得到的禮物？

你可以很簡單就擁有看日出的感動，只要你願意早起。大多數的人跟日出無緣，倒是日落天天看。即使是在冬至，白天最短的那天，假設你七點起床，太陽還是一樣老早就掛在天空上。觀賞日出與日落可以帶來特殊的感受，這也是為什麼中外人士都會歌詠它們，而它總是代表朝氣及希望、感嘆和回憶。

世界上有些地方是永晝或永夜，也有很多地方在某些季節時的日照時間很短，所以生活在台灣的我們，更應該要珍惜每天都會規律在我們生活中上演的日出時光，因為能看見陽光是一件多麼美好的事情。

如果你能每天把想去阿里山等日出的那種心情運用在日常生活上，相信你一定會很快步上成功人士的行列。想想，要半夜起床整裝好禦寒衣物，做好準備上山等日出的那一剎那，有這樣的心情跟積極意志的人，怎麼可能會不成功呢？

23. 洗臉時默念夢想，心情超美好

早晨起床後的第一件事，大概就是從洗臉開始。洗臉不但是最快速的提神醒腦好方法，同時也可以洗去臉上的汙垢，讓自己看起來神清氣爽，怎麼說都是早晨必做的事情之一。

也許有的人會覺得明明前一晚才洗過澡，只經過一晚的睡眠，臉怎麼可能又會變髒？不過世界上有太多是用肉眼或是神經無法看到、感受到的事物，如果省略了早晨洗臉的步驟，便註定了你在一天的開始就輸給了別人的下場——至少黏在你眼角的眼屎或是在皮膚的光澤度上，先差了別人一截。

當然你也可以只把洗臉當成一件例行公事，但是如果你可以趁著洗臉的時

刻，順便淨化一下自己的心靈，也就是一邊洗臉一邊與自己對話，相信這短短一兩分鐘的洗臉動作，可以為你帶來更多意想不到的收穫。

試試看，當你用洗面乳或是清水洗淨臉龐時，可以一邊在心裡默念著把不好的事情都洗去，把清爽乾淨留下來，接著訴說你的夢想。相信說完這幾句簡短話語後，在洗淨並拿毛巾擦乾臉部的那一刻，你會看到一個全新的自己。而這種簡單的小幸福，不妨在你下次開始洗臉時便即刻進行——一邊洗臉一邊訴說夢想，與自己對話吧！

24. 泡在晨光裡享受閱讀

從小師長耳提面命或是教科書教的內容，都在灌輸我們一個觀念，那就是「早起的鳥兒有蟲吃」、「早晨是記憶力最佳的時刻」、「早晨是最適合閱讀及背誦的一段時間」……相信這些話大家都應該頗為熟悉。

現代人生活普遍繁忙，不論是成年人或是學生，每天都有忙不完的事情，以至於人們閱讀率普遍下降，取而代之的是使用網路及影音媒體，而最常聽到的藉口就是「沒有閱讀的時間」。

閱讀其實是最容易又隨時可以做到的一個習慣，尤其是在早晨的時間。泡在晨光裡閱讀，你不需要擔心隨時有電話或是訪客來打擾，也不用擔心會吵到尚在睡眠中的左鄰右舍，只要你願意，十分鐘或是半小時的閱讀絕對不是問題。

無論是春夏秋冬或是晴天雨天，閱讀都可以在任何一個環境下完成。如果你願意早起，你就比別人多十分鐘或半小時的閱讀時間，積少成多，日積月累，閱讀在你身上留下的影響，絕對是有明顯的成效與改變，古人說：「三日不讀書，面目可憎。」原因就是讀書與人的氣質及外貌有很大的關係。

在早晨適合閱讀的刊物除了報紙之外，還可以多讀一些勵志書或是工具書，像是背背英文單字等，都能激勵一天的精神。至於太過腥羶色或是像恐怖小說這種重口味的讀物，還是避免在早晨閱讀！

25. 離開「不真實」的世界

一早起來，如果想讓空蕩蕩的屋子裡有個聲音，使放空的腦袋逐步運轉，有些人會選擇打開電視、調低音量，再去做刷牙等盥洗工作。

可如果你想要的是一個平靜又寧靜的早晨，還是別開電視的好。因為現今台灣的新聞媒體，充斥著路口監視器新聞、行車紀錄器新聞還有民眾爆料，即使有畫面，卻不見得符合「眼見為憑」的定律，所以一早醒來若想離開「不真實」的世界，還是別開電視比較好。

早晨起床有時間的話，不妨聽聽外頭樹梢的鳥叫聲，或是窗外的車聲、人聲，或是傾聽風兒吹過窗邊的聲音，又或是滴答的雨聲，這些才是真實世界的聲音。

記得把早晨屬於自己的寧靜時光，留給這樣真實、親切的聲音，而不是接收那些被處理、精緻過的電視資訊。若你時常這樣一早就被電視洗腦，一早就開始麻痺腦袋，相信你大概就這樣被混淆了視聽而無法保持清醒與平靜了。

26. 避免一早接收負面消息

早期三台的晨間新聞除了播報即時消息之外，還會介紹一些生活新知等知性內容，讓晨間新聞變成一種獲取新知的好來源，人們也不必太擔心會看到什麼令人生氣或是一再炒作的垃圾新聞。但曾幾何時，當有線電視開放以來，將近十個頻道的新聞台，每天二十四小時不斷播送著重複的資訊，已經讓晨間新聞和夜間新聞不再有什麼差別，該有的新知資訊好像也越來越少了。

也因此，在廣告收益比較強的晚間新聞時段，比較重辛辣、灑狗血式的內容，又會完整的在晨間新聞當中重播，除非從昨夜到今天早晨之間發生了什麼重大事件，否則早上看到的新聞跟昨晚播的好像完全沒差別。

在這裡也就是要提醒大家，因為新聞媒體生態的改變，大家看新聞的口味也跟著轉變了。若在晨間就收看新聞的話，即使是一再重播的，仍要避免看到悲慘灰暗的畫面或內容。即便新聞本身和你沒什麼關係，可是一大早就接收到不良消息，這種不良消息的頻率會在腦海裡悄悄發酵，讓你從早晨開始就對當天所有的活動蒙上負面的情緒和色彩。所以早晨還是多看點有益身心的事物，或者接近大自然正面的能量才健康。

27. 吃早餐，充沛你的活力

許多研究都指出，不吃早餐的人容易變笨，還會越來越胖，因此健康的飲食概念絕對不會忽視早餐這一項。

吃早餐可以讓你的一天有個充滿元氣的開始，同時也能減少你到中餐之前吃零食的慾望。美國著名營養學先驅安德爾·戴維絲，曾對美式早餐做出以下的建議：較好的早餐是一杯鮮奶，加柳橙汁、燻肉、吐司、果醬及加糖與奶精的咖啡。

以身體機能的觀點來看，若睡前未進食，隔天早上又不吃早餐的話，胃部缺乏食物消化，會造成胃酸分泌過多，長期下來容易造成胃炎、胃潰瘍、十二指腸潰瘍等的腸胃道疾病。

豐盛的早餐涵蓋了醣類、蛋白質與脂肪的攝取。妥善的選擇飲食，可以維持充沛的活力，讓人意識清醒地做每一件事。而為了維持最佳的工作狀態，在上班前攝取易消化的蛋白質食物，像是營養穀片加牛奶，或是吃片全麥吐司加個蛋，都是很好的選擇。

所以，早起十五至三十分鐘來為自己準備適合的早餐，對一天的精神和體力是絕對有幫助的。

28. 固定如廁，暢通心情

排便是人類身體正常的生理活動。當食物消化、吸收至殘渣再排泄需約一至三天。若每週解便次數少於三次或排便用力且排出乾硬的糞便，即可稱得上是便祕。

在這個繁忙的時代，有些人甚至連排便的時間都沒有，久而久之即形成便祕。所以無論如何，要養成每天給自己一個固定的時間去排便的習慣。多喝開水、補充適量的水分，讓糞便維持適當的軟硬度，特別是起床後喝一杯水有助刺激腸胃蠕動。切勿養成服用瀉藥的習慣，或者依賴浣腸劑排便，這些東西用久了會使人體的排便功能衰退，導致無法自行排便。

成人正常的狀況是一天排便一至三次，最多三天內要有一次排便紀錄。如果有排便不順的問題，不僅會造成宿便，還會影響體重及健康，因此一定要養成每天固定時間排便的習慣。

而固定如廁時間，也可以大略看出自己的身體是否處於健康、正常的狀態，倘若你一直固定在某個時間上廁所（以大號為主），但這個規律突然改變，你自己就要留意一下身體狀況，說不定這是一種警訊。

很多人固定的如廁時間都是在早晨起床的時候，想要順暢地完成這項固定的「行程」，適度的飲水和攝取富含纖維的飲食是必需的，另外運動及放鬆心情也是一個重點。

總之，每天如廁時都能順暢地完成，不需要跟大號奮戰，才不會擔誤了自己出門的時間，或是占用廁所太久，影響了家人或室友的出門準備時間，進而變成顧人怨排行榜的第一名，同時也搞得自己上班遲到而懊惱不已喔！

29. 專心上廁所

早上一邊上廁所一邊看報紙或滑手機，相信很多人都有這種習慣，而且還覺得這是個人十分放鬆悠閒的好時光。不過你要知道，排便是一件相當單純的事，千萬不要分心，因為排便是一種與大腦有關的反射動作，一旦排便過程中，因為看報或做別的事而分心、不認真，訊息就很難傳遞至大腦，長久下來，排便的動作就會衍生出許多問題。除了易長痔瘡之外，還可能誘發「提肛肌痙攣症候群」，在半夜被痛醒。

假使你們家是好幾個人共用一間廁所，而且大家都在差不多的時間需要盥洗並準備出門，一邊上廁所一邊看報紙或滑手機的習慣可是會影響到其他人的時間，甚至還會產生摩擦。況且，如果你在早晨做了很多好習慣，整理好心情和門面準備出門，卻被因為上廁所分心而又正好排不出糞便的情況給壞了事，想想也實在可惜。

30. 鮮花帶來好運氣

如果你想要在一早起床就能夠吸收好的居家風水給你帶來的好運氣，在屋裡插上一朵鮮花，是最簡單又能夠美化環境與心情的好方法。

出門在外工作，不單單是要有好的貴人運或是工作運，正所謂「出外靠朋友」，你的人際關係好不好也直接影響工作的運氣。而人際關係，其實也跟「桃花運」有關，它不單只吸引異性，也代表你是否具有吸引人氣的魅力。所以想要受人歡迎，一定要記得在屋裡擺上一盆鮮花，哪怕是一朵鮮花都很棒。

建議可以在房間的床頭旁插上淺橙色或粉嫩色系的鮮花，讓你在睡前或是早晨醒來時，都能自然吸收到植物帶來的正面能量。此外在挑選房內寢飾時，也可以挑選有玫瑰圖案的物品，例如鋪上玫瑰花樣式的床單，或在房裡插朵紅色或橙色的玫瑰花，都有提高勇氣的作用。

假若你在自家窗台上有種些小盆栽，不妨在早起時，趁著打開窗戶讓新鮮空氣進入房間的時刻，瞧瞧這些小盆栽的生長情況。如果你是種些香料方面的小盆栽（例如：薄荷），可以聞一聞它來提神醒腦，或是摘下兩片葉子加進自己的早晨花茶中，是另一種高貴不貴的閒適享受喔！

第四章

幸運的每一天

31. 佩戴幸運物

關於幸運物會提升運氣的原理，有點類似於文學中的隱喻法，就是當你在什麼樣的位置，在該階段有什麼樣的期許及目標，你的幸運物就會跟著改變。

也許你是一位學生，目標是學業順利，那麼幸運物可能是一枝筆。拿了它作答，感覺上就會順利了起來。假如你是一個想保持自信，並以自信來當作人生態度的人，那麼幸運物可能就會是一張曾經受過鼓勵的小卡片，或是一件讓你覺得穿起來特別稱頭的衣服。

因此，並沒有什麼特定的東西叫做幸運物，只要你認為這一項東西對你有特殊意義、紀念價值、能產生信心和能量的，都可以算是自己的幸運物。所以它有可能是具有能量的礦石；有信仰加持的結緣品、平安符；親友或是另一半送的有紀念性的小擺飾；一個代表你小時候特殊回憶的不起眼物品；一樣你自己非常喜歡的東西……這些東西都可以稱作是幸運物。

如果你有這樣的東西，那麼記得請在早上出門前，帶著你的幸運物，也許是掛在包包上、吊在手機上、佩戴在身上，或是把它擺在床頭或房間的任何一角，出門前好好看看它，對它講講你今天的心情及期許，這些都是可以讓你一天充滿信心及勇氣的方法。它雖然不一定具有百分百的效果，但它的心靈意義絕對是大於實際意義的。

32. 確認每日行程

每天將自己的行程和約會記錄下來，是現代人都要保持的一種好習慣。不論是用老式的方法——記在記事本或是月曆上，或是用手機、網路提供的提醒方式記下自己的行程，總之確認自己的約會和行程是件很重要的日常工作。

在出門前確認自己的行程，除了可以先替自己做好面對挑戰的心理準備之外，做起事來也會不疾不徐，避免產生慌慌張張、搞不清楚狀況的情形。而且確認好自己的行程，也可以有效安排自己的時間並做好規劃，把一天該做的事情做一個順序排列，讓事情的完成度可以達到事半功倍的效果。

此外，雖然說外表不是一切，但若可以依照你今天該走的行程及約會，在出門前先替自己想好該做什麼樣的打扮，都可以為今天事情的完成度加分。例如今天要拜訪客戶，那麼就配合那位客戶的喜好，也許跟他一樣穿運動風格的衣服，再一起去打打球；也許客戶就喜歡正經八百的談生意，那麼你的服裝自然也不能隨便，公事包裡也要裝好該準備的資料。

以上說的這些，應該是人人都懂的事情，要是成功距離你還有那麼一步之遙，這時就該審視自己在早晨時光準備的這些小細節，畢竟好的開始是成功的一半，有好的習慣才是成功的關鍵！

33. 使用喜愛的文具用品

這幾年各大便利商店集點數送Hello Kitty、哆啦A夢、迪士尼等各系列公仔或文具商品的熱潮，總是一波波的接著上演，可為什麼始終有一票人會追隨著集點風潮還樂此不疲呢？說到底，除了「集點完成」的成就感讓人愉快之外，印有這些圖案的小東西，對許多人來說，還是有著無法抗拒的吸引力的。

有的人買東西是實用為先，只要好用，就算是進口貨，再貴、再難買到，都會想辦法託人帶回。有的人買東西是以好惡為先，只要自己喜歡，無論是好用還是難用，便宜抑或是貴，醜還是美，一樣都會死忠支持。

的確，在你打開自己的公事包或是書包時，看見裡頭喜歡用的筆、筆記本、便條紙，或是手機殼上有自己喜愛的圖樣，都會有助於工作、念書或是保持一整天的好心情。

仔細觀察你的桌上，一定都會有自己最心愛的筆或文具、辦公用品。沒有為什麼，可能就是因為它耐操又好用，如果有天「它」不見了，或是筆摔斷水了，即便再買更貴、更新的，都不見得合你心意。尤其在使用的當下，你心裡會自然而然的想起那枝用不上卻心愛的筆，心想：「要是用它來寫，現在就不會……」

上述蒐集、使用偏愛文具的經驗，相信每個人都曾經經歷過。而每天一早，想要在念書或是上班時有好心情，就多使用自己喜歡的文具吧！雖然這行為看起來有點孩子氣，不過很多時候它們可是有很大的振奮效果，能使你一整天元氣滿滿。你是不是有一套自己喜愛的文具或辦公用品？要不要起身為自己準備一套呢？

34. 不憋尿，把衰事都排掉

還記不記得小時候出門前，媽媽總是會提醒你要先去上廁所？每個小孩應該都有這樣的經驗，只要在公共場所說要上廁所時，一定先遭到大人的一頓白眼。這樣的事情，等到自己變成大人時，才能夠完全體會在外面要帶小孩去上個廁所，是一件多麻煩的事。萬一你又有潔癖的話，上廁所這件事就沒完沒了了。

還有，年輕的時候你我總是搞不懂，「為什麼每經過一個景點或是休息站，婆婆媽媽都得下去上個廁所，不是一兩個小時前才上過嗎？」後來，等自己活到那樣的年紀時，才發現廁所「一定要上」的道理，因為如廁這件事是絕對不能忍的。

基於健康觀念最好不要憋尿，可是擠在沙丁魚般的捷運或是公車、火車上；塞在高速公路上，一遇到這些情況要是想上廁所，可就是天大的考驗了。而好不容易憋到了有廁所的地方，你會發現有這樣需要的人比想像的還多，於是只好再忍著排隊等廁所。

所以為了讓自己在前往目的地時一路順遂；為了不想一大早就被「茅事」搞亂一整天的心情，記得在出門前一定要先去上個廁所。也許你覺得自己沒有那個「尿意」，但相信你一到了馬桶前，自然就會有想上廁所的感覺。而且出門前在家裡上廁所的那段時間，也可以給自己一點小小的心理建設，不論你前一天有多麼不順心，在此時告訴自己「把衰事都排掉」，要嶄新地面對全新的一天！

35. 挑選好用公事包，面對一天的挑戰

這裡講的公事包，不是刻板印象中那種黑色長方形公事包，只要是適合上班性質所拿的包包，都可以稱作是公事包，所以不論男生、女生都會有適合自己需求的公事包款式。

在挑選公事包時，除了價格、顏色是依照自我情況及喜好來考量之外，也可以根據下面幾點來做選擇：

（1）**材質一定要耐用**：因為公事包裡面會放重要的文件、鑰匙等物品，材質不好的包包，一下子這裡破洞、一下子那裡變形，裡頭的重要文件鐵定會受到影響，當然也同樣會影響到你的工作運。

（2）**A4尺寸**：以可以放A4文件的大小為佳。大部分的書、資料、文件、

公文等都在這個範圍以內，如果連A4文件都擺不進去的包包，你的重要文件會容易有皺摺、變形，進而影響效率和工作形象。

(3) **多個夾層方便收納**：夾層多的公事包，要拿取手機、錢包、隨身碟等重要物品時都很方便，千萬不要一個大包包裡頭什麼都裝，等到要用東西時，卻遍尋不著。

(4) **手提或斜背**：可以斜背最佳。

(5) **筆電包**：筆記型電腦的袋子，也是一種很好的公事包。

早晨出門前再檢視一下公事包內的所需物品，萬事準備充足之後，就可以昂首闊步地出門去，面對一天的挑戰了。

36. 照顧雙腳，為外在形象加分

雙腳每天必須承受身體的重量，一直陪著你在外奔波打拚。萬一穿到一雙不對的鞋子，或是因為愛美而天天穿著高跟鞋，那麼腳部一天的辛勞是可想而知的。一旦到了炎熱的夏季，大家都喜愛穿方便的涼鞋，這時就會直接增加足部和鞋子摩擦的機會，或是曬到太陽的機會，所以呵護自己的雙腳就變得非常重要了。

人們的足部角質層較厚，容易妨礙油脂吸收，因此單單塗上一般乳液難以得到滿意的結果。因此在做足部保養前，最好能將足部浸泡在溫水中約十分鐘軟化角質，同時搭配軟化角質的產品，再用去角質工具將角質層輕輕磨掉或刮除，最後再用足部專用乳液保養。如果不想花太多錢特地去買足部乳液的話，也可用一些快要過期的面霜或身體乳液來取代足部按摩霜。

雙腳非常辛苦，卻也最容易呵護。只要你在早起及睡前用一些便宜或快過期的乳液替它擦上，這時要是可以再穿一雙棉襪，並定期做一些足部護理，那麼雙腳不只可以每天都得到舒緩和保護，也能減低令人討厭的肥厚老皮產生。擁有美觀的雙腳，對於你的外在形象也會加分不少。

37. 玄關的鞋子不要亂丟

玄關是界定家裡內外的過渡空間，也是人們進到一個家裡頭所給人的第一印象，所以一個好的住宅空間，對於玄關的整潔也就十分重視。

玄關通常是放置鞋櫃的地方，而「鞋」與「諧」同音，有和諧之意，所以鞋子必定是要成雙成對的擺放，這也是有好兆頭的意義。

假如玄關附近長期有一堆散亂在地上的鞋子，就是髒亂、失序的現象，這種狀況在風水學上來看會導致運勢不佳。而一般家庭的鞋櫃最好不要高於一公尺，這樣鞋子的晦氣才不至於影響家中的氣場。

有些人家中沒有特別在玄關設計可以擺放鞋子的鞋櫃，於是就隨意把鞋子放在門外或是公寓樓梯上，這是非常不好的習慣，甚至是惡鄰居的一種表現。萬一你擺放在外面的鞋子讓人不小心踩到跌倒的話，還可能會讓自己吃上官司，惹來一身麻煩，所以對於這方面的習慣還是要時時注意。

另一方面，鞋子長期隨意放置、沒有好好保養，自然在你出門前，也就不會太重視鞋子這個門面，而你外在的形象可能就會因此大大扣分。基於整潔與養成生活好習慣的觀念，請在一早出門前穿上一雙整潔的鞋子，走出整齊的玄關，迎接嶄新的一天吧！

38. 對鏡中的自己微笑

在人類早期的歷史裡，人們只能在水面上看到自己的樣子，於是在很多古代的文化中，這種在水面上可以看到倒影的現象，被認為會反映出人的靈魂。到了十三世紀，基督教哲學家托馬斯・阿奎那（Thomas Aquinas）認為鏡子能夠使人們獲得思想啟蒙，通過研究鏡子中的影像能夠幫助人們更加認識自我，更加認識自己在世界中的位置。

在中國，我們對於鏡子最了解的故事，就是唐太宗在魏徵死後說：「以銅為鏡，可以正衣冠；以古為鏡，可以知興替；以人為鏡，可以明得失。」從這些中外歷史中不難看出鏡子對於人類的影響，而它的功用絕對不僅止於表象而已。

鏡子除了可以檢視自己的身形及衣著是否得體之外——最重要的是，要學著從鏡中審視自己的內在，看氣色、看眼神都可以讓你看到更清楚、更深層的「自己」。一個人只有真正用心觀察自己，才能夠更接近、了解自己的世界。

每天一早離開房門準備上班之前，你都該認真地看著鏡中的自己，除了確認今天的服裝儀容是符合活動的需要之外，也要給自己一個微笑。我們要學會給自己一個正面的鼓勵，藉由這個微笑，你會讓自己的嘴角上揚，而鏡子反射回你眼裡的景象，會直透進你心裡，讓自己能夠帶著自信與好心情步出家門面對一天的挑戰。記住，小小的微笑，意義超乎你的想像！

39. 早晨的祈禱，讓一天充滿希望

多數人所追求的快樂及心靈安定，是指只有在「順境」或「沒有遇到逆境」的情況下才有的情緒，但所謂真正的心靈安定，主要是訓練自己不受外界事物所影響，如人事物的干擾。所以一旦處在逆境，得先了解情況，讓心態適度轉換來處理事情，最後再放下。轉念再放下這個道理人人都懂，不過要怎麼讓心靈安定呢？很多人會訴諸信仰的力量來達成。

許多宗教都有早晨祈禱或膜拜的儀式，為了進行這些早禱的儀式，有不少人喜歡親自到廟裡、清真寺或教堂等地去進行，用意就是想要感受更龐大的信仰力量。這些宗教的力量存在於某個無形的空間之中，也會存在於祈禱者的心裡，所以早晨的祈禱可說是自己對自己所發出的一種真誠誓言。因此一天的開始，我們可以藉由祈禱來讓自己的心靈早一步達到平靜安穩的狀態。

有句俗諺說：「早晨的蜘蛛殺不得！」其實早上的蜘蛛和晚上的蜘蛛沒有什麼不同，不過因為早晨是一天的開始，若一早就充滿「肅殺」之氣，那麼你一整天的運氣和圍繞在自己身旁的氛圍也會有所不同。這道理就好比古代要進行處決的時候，絕對不會選在早晨，而是在午時；也不會選在春季，而是選在秋季（也是秋決的意思）。

早晨是希望，是象徵生氣蓬勃的時刻，所以一早要盡量避免不好的事發生。當然在這樣的時刻，無論你信仰什麼宗教，進行對自己有正面幫助的活動，都能讓一天充滿希望，而出門前的一個祈禱或是膜拜就是個很好的方法。

第五章

帶著好心情
出門

40. 犒賞自己一頓豐盛的早餐

你會懷念渡假時住在飯店裡享用早餐的時刻嗎？很多人對於飯店的早餐都有一種迷戀及期待，因為飯店給人的感覺就是與高級、享受、特別、東西好吃等字眼相連。當你在假期中賴在自家床上時，你寧可晚起也要捨棄吃早餐，可是你在飯店裡渡假時，起床吃飯店的早餐卻馬上變成一天當中最期待的一件事。

享用飯店的早餐不是只有渡假時才能擁有的權利，正因為如此，偶爾犒賞自己一頓豐富的早餐也是相當不錯的。想想，能夠在大飯店氣派的環境下，感受特別營造出的空間感同時享用早餐，一定是件很棒的事。當然很多人覺得在飯店吃早餐很奢侈，對於一般人而言或許相當不可能，不過一年當中偶爾挑幾天這樣犒賞自己，未嘗不是一件好事。

現在坊間也有很多別緻的餐廳，它們不只提供美味的早餐，也營造出美麗的環境，在這樣的氣氛下給自己一份簡單又營養的早餐，能夠讓你一整天都充滿正能量並擁有好心情，相信這個價值，是值得你花兩三百元來享受的。所以若有機會，不妨給自己不一樣的體驗。記住，有魅力的早餐並不是有錢人才能享有的，它是你我都能好好享用的美味。

41. 嚼口香糖舒緩情緒

口香糖通常以蔗糖為甜味劑，使用過量可能會引起蛀牙。不過，一些以代糖如木糖醇等作為甜味劑的口香糖就能減低蛀牙的風險，而在咀嚼的過程中分泌的唾液更有助於牙齒健康。無糖口香糖內所含的木糖醇（Xylitol）不能為細菌所代謝，而咀嚼口香糖能夠刺激唾液腺分泌口水，口水呈鹼性能夠中和口腔的酸，所以在進食後咀嚼口香糖能防止蛀牙。

雖然無糖口香糖可以幫助牙齒健康，但是早上起床後的刷牙工作還是不可少，這就像吃水果和喝果汁是不一樣的道理。一早刷完牙，吃完早餐，再嚼顆口香糖，可以有效保持口氣清新，也可以替口腔保健再多做一層功夫。另外嚼口香糖也有幫助舒緩情緒和提神醒腦的功能，因此在上班、上學途中，嚼顆口香糖再出門，可以讓一整天都有好心情跟好口氣，是不錯的早晨習慣。

不過千萬要記得口香糖還是不能嚼食過量，一般有甜味的口香糖吃多會蛀牙，而無糖口香糖中的山梨糖醇（sorbitol）是輕瀉劑的一種，即便口香糖和其他食品的外包裝一樣都有加註「勿嚼食過量」的警語，可多數人仍不知道嚼食過量會引起腸胃不適，也可能導致腹瀉的問題。

42. 不可或缺的音樂

很多通勤族喜歡在上班途中拿著手機聽音樂，讓通勤時間不再無聊難打發。然而在使用這類3C產品的時候還是得留意一些細節，免得它成為你耳朵長期的傷害，例如音量不要調得太大聲。另外，戴耳機聽音樂時，使用頭戴式耳機或耳掛式耳機顯然比耳塞式耳機要來得好。

而依照音樂型態的不同，聽音樂的時間也有差別，較激烈類型的音樂大概以聽一張CD的時間為準，聽完就要休息一下。至於輕音樂類型的也盡量避免連續聽兩個小時以上，因為再怎麼好聽的音樂聽太久也會有損聽力，不可不慎。

早晨通勤時，這類3C產品常是排解無聊的好伴侶，但是別忘了可以偶爾拿下一只耳機，聽聽早晨車水馬龍或是人聲鼎沸的聲音。畢竟給自己一點時間去感受最自然的晨光洗禮，才能在最短的時間內，進入現實生活的心情準備中，你說是吧！

43. 聆聽快樂開朗的曲子

大家都知道聽音樂是修養性靈的好方法，也是一種個人嗜好及品味的培養。什麼時候聽什麼樣的音樂，其實也是影響自己是否能善用時間，進而事半功倍完成任務的一種良方。

坊間有許多根據不同需要而編、譜出的所謂心靈音樂，藉由音樂潛移默化的影響，來幫助人們在不同時期，獲得所需要的能量與慰藉。即使裡頭只是最自然、最簡單的蟲鳴鳥叫聲，或是海浪拍打岸邊的聲音，它也都具有心靈治療的作用。

如同做瑜珈時，會播放讓身心靈放鬆的音樂一樣；又或者是在你最需要專注力的時候，也有專門幫助你提高專注力，適合陪你讀書、做報告的音樂。因此懂得在不同場合選擇對自己有幫助、能提升心境的音樂，那麼做起任何事情來都會有意想不到的效率和效果。

至於在早晨這樣攸關一天心情是否愉快、志氣能否高昂的關鍵時刻，又該聽怎樣的音樂呢？通常，你在早晨時會想要擁有活力和勇氣，來面對即將到來的一天，所以多聽快樂開朗的曲子，是相當不錯的選擇。

44. 為自己找一點小期待

每個人都會對某一處的場景特別有感覺，它不一定是在你上班上學途中最美的風景，可你就是會對它產生某種特殊的愛好。也許是那一棵已經半倒、不倒的樹；也許是一間每天生意超好的店家；也許是某戶人家門前那特別的門口造景……

在上班上學途中、在那條必經的道路上，怎麼從平凡又制式化的路徑中，找出一個特殊的點來讓你對這段路產生一點小期待，這是大家都可以試一試的。這就好像暗戀的心情一樣，期待今天會不會在這班車上看到對方；期待今天對方出現時會有什麼不同的表現；期待對方會不會跟你買一樣的早餐？還是一如往昔的只要在旁邊看著他就滿足了……這樣期待的心情無論到了幾歲，依然會讓自己產生許多正能量。

或許你會隨著那個喜愛的場景悲傷或喜悅，然而你一看到它時，心情也會因此而得到一種滿足感，即便是不好的事情，你偷偷陪著難過的心情，同時也是對自己的一種警惕。當然，它若是好的景象，你喜悅的心情自然會不由自主的出現。

也許這些心境對現在的你來說實在太平凡不過，但你如果願意用心觀察、體會周遭一些平凡無奇的事物，對你整個人的內涵將會有潛移默化和意想不到的提升，因為成功的要素也不過就是差這一點而已！

45. 用最愛的佳句為自己增加信心

你最愛的名言佳句是什麼？也許是一句正夯的廣告流行語；也許是你從小就訂給自己的座右銘；也許是成功人士在某一本書或演講上提到的祕訣，當然也有可能是情人給你的一句甜蜜話。

你所喜歡的佳句，也許會隨著心情或當下環境的改變而有所不同。你可以在日常生活中多留心周遭的人事物，這個舉動會幫助你發現受用的佳句其實很多，而且日日充盈。當你面對不同的環境時，隨時都有好的佳句出現在你腦海裡幫助你，它像是你的心靈小天使一樣，時時在心中提醒你，給你鼓勵或為你指引方向。

有機會，可以把對自己有特殊意義或是特殊情感的佳句抄寫在隨身的小冊子上。藉由每日審視這些你喜歡的句子，來反省自己過去的這段時間，到底做過、經歷過什麼樣的事情，而自己又是在什麼樣的情況下體悟了什麼，以便幫助自己渡過生命中某些想不透的難關。這個看似簡單、不起眼的抄寫佳句的動作，其實對邁向更成功的自己與生活，具有超乎想像的幫助。

利用早晨通勤或是剛到辦公室打開電腦之前的時間，審視或默念一下自己心中最愛的佳句，為新的一天增加心靈上的抵抗力，是一個可以讓自己有信心的小撇步。

46. 騎自行車通勤

歐美國家多數都有Bikeways，也就是自行車專用道。在這些國家中，行人永遠第一，而自行車騎士也像行人一樣，擁有受禮讓的權利。在提倡環保、節能減碳的今天，無汙染又可以鍛鍊體力的自行車，已相當受到歐美人士的歡迎與重視。

在紐約、舊金山、歐洲等各大城市，都可以看到身著西裝，騎著自行車上班的通勤族。現今人們對於這些自行車愛好者，越來越多是抱持著敬佩與認同的想法，因為能為地球多盡點心力，同時鍛鍊自己的身體，這樣的意識和好習慣是值得讓人稱許的，所以「禮讓自行車騎士」，在國外很多地方都普遍進行著。

說到使用自行車最普遍的國家，荷蘭可以說是箇中翹楚。荷蘭的面積與台灣相仿，人口約一千七百萬人，自行車的數量居然與人口數相當。荷蘭的自行車專用道超過一萬七千公里，整個國家有三百多個車站提供居民攜帶自行車隨行運輸的服務，只要中途騎累了，你隨時可以和自行車一起搭車。而自行車上了道路，也有負責指引自行車專用道的交通標誌，一路引導騎士通達四方。

現今我們開車嫌油錢太貴、騎摩托車擔心廢氣對空氣品質有影響，既然如此，選擇以自行車為交通工具，不但有助於環保觀念的推動，對壓力過大、生活繁忙的上班族來說，更是可以帶來免費運動與提供一天身心活力的機會。想要精力充沛的你，怎麼可以不加入呢？

47. 提早出門好處多

選擇工作時，你可能沒辦法遇到「錢多、事少、離家近」這種好事，而算一算在公司附近租屋要花多少錢，一旦拿來和通勤要花的錢相比，到底哪種最為划算？或許多數人最終還是會選擇當個通勤族吧！至少每天回到家時有家人陪伴。

不過，通勤是相當辛苦的，睡眼惺忪或是精神不佳時還要跟一堆人一起擠捷運、公車，甚至是搭火車，一想到就無力。最可怕的是，如果你得九點到公司，就必須趕上某一班車，才能如願在九點之前打卡。這樣的話，大家想的都跟你一樣，因此你的夢幻班次鐵定擠滿了跟你一樣想法的人……

所以，如果你想好好利用這段通勤的時間：好好在外吃頓早餐、好好看一份報紙，或者是把握時間閉目養神，那就提早半個小時，甚至一個小時出門吧！雖然只有三十分鐘的差別，可是路上的人潮和車子真的會少很多，而且你會有位子可坐，也可以提早到公司，早點進入工作狀態，甚至儘早完成今天的工作進度。有這麼多的好處，全都是提早出門而展開的喔！

48. 提前到公司，調整好上班的心態

假如公司規定九點上班，你是最後一分鐘才匆匆進公司打卡的那種人？還是八點鐘就已經到公司，輕鬆地喝杯咖啡，打開電腦收信並整理好辦公桌的那種人？如果你認為每一天要有好的開始，就是讓自己有足夠的時間調整好上班的心態，而這個做法是提前一個小時出門上班，那麼你的確已經實踐了成功的要訣了。

提早到工作崗位看起來好像是讓老闆賺到了，這卻也代表你多了更多屬於自己的下班時間。因為你可以妥善地按照規劃完成今日該有的工作進度，準時下班，好好地計劃下班後的娛樂時光。

提早上班還有很多其他好處，除了可以給人良好工作態度的印象之外，也可以讓人感覺到你是個自律性甚佳的人，而且值得主管相信及託付。提早到公司，可以不必擠電梯，可以好好吃頓早餐，更可以充裕使用這段尚未開始工作的時間來補印個文件，甚至聊聊是非八卦。在這不受打擾的一個小時裡，處理昨日未處理完的公事，效率之好之快，絕對是讓你出乎意料的。

假如你也認同提早到公司的好處或者還不那麼明瞭，不妨就從明早開始試試，你會發覺提前一小時到公司的時光的確值得利用。

第六章

享受美好的夜間時光

49. 不要瞎操心

常常聽到一句話：「快樂也是要過一天，不快樂也是要過一天。」這是人活著時一個很簡單的選擇題。當然，沒有人願意整天活在不快樂之中，偏偏在這個時代，很多統計都顯示人們不快樂的指數偏高。

晚上的時光是非常值得人們珍惜的。現代社會都市化程度高，普遍的家庭活動和社交活動都是在晚上進行，一旦你錯過早晨與家人互動的時光，又不好好善待自己晚上的休閒時光，久而久之當然會落得孤單一人的下場。

很多人晚上喜歡花時間自怨自艾，一邊吃著泡麵，一邊批評著新聞；或者時常和另一半吵架，一邊看著小孩的功課不斷叨念，一邊又擔心家事做不完、擔心沒有足夠的存款去買想要的東西；或是自己的小孩及另一半不如他人，外頭的人如何欺負自己……

倘若你的腦海裡總充斥著這些杞人憂天或者通通都是別人不是的想法，那麼你肯定是不快樂的人。學著用正面的想法看待事情，即使你的物質生活不富足，但是你精神富足的一面肯定會令人羨慕。當然，這端看你想要用哪一種方法過生活。

所以，試著在夜晚的時光，讓自己的心被正能量填滿。當你瞎操心著：「要是發生那樣的事，我該怎麼辦？」、「明天會不會被老闆罵？」總是這樣想，就無法平靜面對重要的夜晚睡眠時光喔！

50. 在舒適的狀態下，找出問題的解決之道

利用夜晚的時間，將你需要思考的事情一一整合並找出適當的方法來處理，給自己這樣一段沉澱、思考的時間，是每個成年人都要積極擁有的。

法國著名的哲學家不也說過「我思故我在」這樣的至理名言？所以「獨立思考」就是個人本身獨自去做推理及解決問題的歷程。誠實地面對自己並尋求解決問題之道，是所有想成功的人士都應該要做的。而夜晚的時間，恰好就是實行這些自我修練、整理思緒，並塑造成功理念的最佳時刻。

在每天的夜間獨處時光，找個十至二十分鐘的時間，把房間內的電視、電腦等東西關掉，留下輕音樂或是柔和的燈光，再加上一杯清淡的茶、飲品或是

白開水，讓自己處在最舒服的狀態。不去想今天所有的倒楣事，也不以明天會有多少壓力來當思考的前提，重點是在此刻整合你將要面對的問題，加以條理化後再找出解決之道，這需要在身心平衡及舒適的狀態下做，才會有正面、積極的效果。

51. 善用屬於自己的時間

現代人的生活，因為都市化及便利性，加上工商型態的轉變，導致就寢時間越來越晚。大部分的人因為無法早一點起床、早一點出門，於是有了必須晚歸的因素，加班的時間越來越長，回家的時間就越來越晚，那麼晚上真正屬於自己的時間自然會減少。

現在不但是大人忙，小孩也很忙。小孩因為要補習，晚餐時間也越來越晚，進而影響了大人飯後的家事時間，身為家長的你，要等小孩做完功課上床睡覺，才可能有時間去洗個衣服或是洗澡。加上現在網路、電視頻道隨時都有太多東西吸引著你的注意，萬一還要聽另一半抱怨今日的種種不幸，相信很多人真正上床就寢的時間大概也早就超過十二點了。

假設這一天你是七點鐘到家，到就寢的十二點多，這五個小時的時間，到底有幾個小時是真正屬於你自己的？如此想起來的確有點可怕，因此不要輕忽常常在不知不覺間流逝的光陰。看到這裡，有沒有一種動力讓你想開始好好規劃整理一下，如何善用下班後的夜晚時光？今日事今日畢，若你在當晚早早就完成了手邊該做的事情，這種成就感所帶來的心靈平靜與充實，也是讓自己可以順利一覺好眠的重要方法。

52. 練習與自己對話

有些人會覺得跟自己對話似乎是有雙重人格或是精神分裂的傾向，又或是覺得這是一種習慣性的碎碎念，容易引起別人的反感，於是忽略了這種可以自我療癒的簡單方法。把和自己對話與喃喃自語劃上等號，是偏頗的想法。其實，在睡前與自己對話，是一種與自身做心靈溝通的好方式。

如果你在睡前能夠養成與自己對話的習慣，代表你正在經歷一種全新的自我檢視過程，它有助於思慮的平穩清晰，而在練習與自己對話的過程中，你可以釋放自己過去舊的、不好的能量。一旦這樣的自我溝通越來越流利，前後相當連貫並具有一致性，代表著有更多、更新的能量將流向你，而這時你會發現有許多好事即將要發生。

管他是順利還是不順利的事，在睡前與自己對話並反省近期的自己，是一種良好的自我檢視方法。而你也可以藉由自我對話來讓心情沉澱，自然而然的進入平穩的睡眠狀態，這對於明天新的一天的到來，也是相當有幫助的。

53. 為明天做好準備

「為明天做好準備」是人人都知道的事情，這不光是在晚上就準備好明天需要用到的文件，或是再檢查一遍功課、再多念十分鐘的書……「成功是留給平時就做好準備的人」，所以你如果時常為了明天會出現的特定事件，才臨時抱佛腳來做準備，心裡多少還是會存在著不安和擔憂。

每天夜晚就是該做好所有分內的事，這並不是只為了某天的某個特定事件，而是要養成習慣，因為它們本來就該由你來做。例如學生每天晚上都必須溫習功課、寫作業，而不是到明天要段考或是抽查作業時才熬夜奮戰；主婦每天晚上都應該要分配時間來整理房間、洗衣、熨衣……而不是忽然想到明天該穿某件衣服或是該幫家人準備什麼，今晚才在堆積如山的待洗衣物中翻來找去；明天需要用英文報告或是要接待外國客戶，所以你今晚特別緊張，想多花兩個小時念英文，不過要是你老早就知道工作時會有遇到這種事情的一天，平時就該打好英文基礎，而不是前一晚才擔心害怕。

成功是留給平時做好準備的人，至於每個人究竟該準備或做些什麼，相信這只有你自己最清楚。能妥善規劃夜晚的個人時間，發揮它的最大效益，成功一定離你不遠。同樣的，帶著準備好的自信與充實的心情入睡，一夜的好眠所帶來隔日的容光煥發，這又是一樣成功的重要因素，你說是吧！

54. 想提早起床時，先做好心理調適

每個人都知道早起好處多多，可是你有沒有發現，假如你明天必須提早起床去做一件重要的事，可能是見客戶或是趕飛機出差，你前一晚就會不斷告訴自己要早點睡。平常也許是十二點多才會入睡的你，為了隔天要早起，會特地提早到十點鐘上床，但是越躺越清醒，數羊數到一千隻還是睡不著，最後輾轉難眠地到了習慣的十二點多才睡去，白白浪費了十到十二點這本來屬於你的個人作息時間。

當你想提早起床時，就要先做好心理的調適，像是睡前不宜吃太多、喝太多，當然咖啡、茶類等飲品就不要在睡前喝。很多人說睡前兩小時內不要再進

食，這是有道理的，睡前吃東西一方面影響睡眠品質，二方面也會造成身體器官運作的負擔。而在心理調適方面，要是為了某件重要的事情得早起，最好在睡前就做好隔天工作或出差所需要的準備，你心裡踏實了，就寢時才不會東想西想，影響睡眠情緒。

不過，當你一直想著「快點睡著、快點睡著」反而不太容易睡著；當你明明有事必須要熬夜完成，卻早早就打瞌睡。沒錯，這就是人性！所以如果你明知第二天有重要的事需要早起，還不如在睡前多花點心思去做好部分明天該做的準備工作。如此，相信你只做了五分鐘隔天的準備工作，馬上就會有睡意上身，這就像隔天要考試的人，在睡前三分鐘多背些英文單字，更容易催人入睡。有時試著反其道而行，反而更能達成效果。

55. 睡前祈禱，抒發情緒

有宗教信仰的人，通常會在睡前做禱告，讓心情獲得平靜，並得以抒發情緒。禱告是人與（你所信仰的）神明交流的一種方式，它也不失為一種享受安穩睡眠的方法。

睡前的禱告通常可以幫助人們反省一天的行為，你不需要用華麗的詞藻來傾訴，只要用平實的語氣向神明說自己內心的話即可。禱告基本上是沒有什麼特定的詞語或是步驟的，最重要的是，用真心來向神明訴說你想告訴祂的事情。

然而，禱告也不是有宗教信仰的人才能做的事情，很多人也會在晚上夜深人靜的時刻，看著自己的幸運物，或是對一件有意義的物品、想念的人的照片，低訴自己的心願。有時候，甚至只是看著窗外的天空，對著星星、月亮等默念自己的願望……以上這些雖然都不算是宗教儀式，但是與睡前禱告一樣，都有安定心靈的功用。

假設你在夜晚的個人時間裡做完了分內的事情，不妨試著在睡前找出一種方式來替自己的心留個抒發情緒的管道，相信這樣做應該可以讓你之後的睡眠更加香甜。

56. 睡前為自己的夢想增添顏色

請問，你能夠把自己的夢想變成一幅圖畫，並親手去替夢想勾勒輪廓，填上色彩嗎？當然，這張夢想之圖不是一朝一夕就可以完成的，必須靠你的人生歷練，逐步、逐步地上色。

到底哪些事情算是夢想呢？夢想，可不是像中樂透，或是明天撿到一百萬這樣不勞而獲的事情，而是一個你想要追逐並完成的事情，你會因為這個夢想而成長，並且感到人生因此圓滿了起來。

每晚睡前，當你準備好一切，把自己的身心都調整到最舒適的狀態時，替自己的夢想畫上幾筆吧！它也許是你今天已達成的，也許是你明天預計要做的，此時夢想的輪廓會慢慢清晰，而你若能在這樣的情況下入眠，絕對是一件很滿足、很幸福的事情。

同樣的，當你努力地、慢慢地朝著夢想接近，這樣的引力會為你帶來吸力，你所期盼的都會來到你的身邊，這就是你逐夢踏實所耕耘而來的，是你應得的東西。想想這樣簡單的「吸引力法則」並非遙不可及，只要你敢作夢，也願意靜下心來作夢，然後一步一步去實踐。

57. 帶著微笑入睡

帶著微笑入睡是一件相當幸福的事，在這樣愉悅又充滿幸福感的情況下睡著，就連作夢都會是美夢了。就寢時最重要的是能帶著愉快的心情入眠，它代表著你是一位身心健康的人，身體沒病沒痛，也沒有被各類精神疾病困擾。

想想在單戀時候，當你喜歡的對象對你示好或表白的那一剎那，是不是快樂得像小鳥在飛一樣？從那時開始，你的嘴角一定會不自覺地揚起微笑；想想那些另一半今天對你說的貼心話，這比任何藥物或是有價值的禮物都來得令人開心；想想今天父母的身體依然健康如昔，聲音洪亮地對你嘮叨，這時你的嘴角應該要揚起微笑，因為這些嘮叨代表他們是這麼健康，而父母的健康也會帶給子女快樂。

人時常要在心裡想著那些令人感到滿足、快樂的事情，並用正面的心態去看待每一件不順心的事，我們根本不需要在心頭壓著幾千斤重的壓力來拖累自己的健康，還犧牲了原有的快樂。

如果你擔心自己會忘記那些曾經擁有的快樂，這裡有些小方法可以讓你時時保持笑意，例如在床頭附近擺些對你而言最有紀念性的小東西，或是最喜歡閱讀的書籍或小卡片，睡前摸一摸、看一看，讓微笑不自覺地揚起，進而帶給你一夜好眠。如此，直到第二天神清氣爽的在晨光中甦醒，昨晚臨睡前讓你帶著笑意入眠的點點滴滴，說不定就這樣在你新的一天當中，持續出現在你今天的生活中喔！

58. 安穩進入夢鄉

有的時候我們不是在最佳狀態下睡著，也許是熬夜，也許是在心事重重的情況下入睡，即使第二天睡到中午才起床，依然會覺得很累、很疲倦。然而，如果睡眠的情緒或心態是在調整過後才入眠，即使我們只睡了兩三個小時，仍會覺得睡了很久很久，有一種睡飽的感覺。

有沒有睡飽跟有沒有熟睡大有關係。人處於真正熟睡的良好睡眠狀態下，會充滿元氣，精神十足。那有沒有什麼方法可以幫助我們安穩進入夢鄉？

在台灣，以冬季而言，舒緩身心的最佳助眠活動莫過於泡溫泉了。在水質良好的溫泉泡個二十分鐘，就可以有很好的效果。泡溫泉不僅有助於身體健康，也能讓你不畏低溫，最大的好處就是在當天晚上，你可以輕易地達到熟睡的狀況。若你很難熟睡或不容易睡著，可以找個機會去泡泡溫泉，讓身心放鬆後，再慢慢進入熟睡狀態。

當然，有些人會選擇用安眠藥或鎮定劑幫助自己入眠，只不過依靠藥物入眠，睡著時可能無法達到真正的心靈愉悅，醒來時自然無法神清氣爽。最好的入眠方式還是要靠自己的意志力與樂觀理性的心態來幫忙，唯有常保這樣的態度，讓自己不論在什麼情境下都能進入沉睡的夢鄉，才是一切健康與快樂的根源。

第七章
給自己一個舒適的窩

59. 溫馨的家庭生活

千萬不要以工作忙碌為藉口，讓自己有無止境加班的情況，或者是每天都必須花錢喝酒應酬，如此不單傷財、傷身，也失去了很多與家人相處的珍貴時光。

報章雜誌上有許多例子：每天忙碌的父母，以為賺錢給家人就是給他們最好的愛，不過家人要的卻只是最真實的感情交流。如果你忙到連小孩今年念幾年級都不清楚，或者是「下班後小孩早已就寢，起床後小孩早已去上學」的這種地步，你就該好好審視這樣的親子互動關係是否優良——你有沒有因為工作而忽略家人太多。

成功並不是要你犧牲家庭生活來換得，就算是因為這樣而獲得了成功，少了陪你一起分享勝利果實的家人，怎麼說都備感辛酸。常聽到很多人後悔說：「為了事業而忽略家人，導致妻離子散。」這樣的故事在社會上各角落到處發生，連續劇也時常上演著，因此千萬不要讓它變成發生在你現實生活中的故事，畢竟人生不能重來。

你會發現，真正成功的人，連家庭生活都能夠掌握得很好。這樣的人，工作有穩定性，事業能一直保持高水準甚至更上層樓，其主要原因就是有家人做最堅強的後盾。記得！無論如何要多愛家人一些，再忙也要記得多留點時間給家人。再怎麼說，溫馨的家庭生活才是最踏實的。

60. 注重居家生活品質

「寸步難行」這句成語絕不能用在你的家或臥房中。常常聽到有人誇張地形容，自己的臥室只剩一個大字型的空間在床上，其他地方都堆滿了衣服跟雜物，這聽起來雖然很有趣，但你絕不能容許它變成事實。一個人再怎麼優秀，房間凌亂，就代表個性散漫、隨便，不拘小節聽起來是優點，卻不代表你是生活有規律的人，因此對生活環境周遭的清理與保持整潔，還是在乎一點比較好。

想想看，如果你不愛整理房間，東西越堆越多，讓人看了就頭痛，你就更不會想去整理，最後只好視而不見。下班後你更不想回家，只好到外面去跟朋友喝喝小酒或是留在公司加班上網，這樣的日子一久，便不是一個正常的生活態度，當然你也無法好好利用你的夜晚個人時光。

平時不愛整理家裡環境，家人一回家看到凌亂的樣子，脾氣當然會跟著暴躁起來，夫妻口角、辱罵小孩和小孩頂嘴等事件發生的頻率就會提高，這些都是一種和生活習慣相關的自然反射。

要想有個和樂的家庭氣氛，或是與家人維持良好的家庭互動關係，家中的整潔是件相當重要的工作，千萬不要讓雜物到處堆放，致使環境髒亂，無端製造家庭紛爭的意外，相信誰都不願意被別人弄出來的雜物絆倒，你說是吧！

試著觀察自己周遭的親友，代表著有成功事業或是幸福家庭的那幾位，是不是都有個共通性——注重自己居家的生活品質。而你也可以從這樣的地方發現，內外如一的人，才是真正生活充實快樂的人，從小地方也是可以看出很多端倪的。

61. 房間整潔，心情清爽

沒有人會希望自己的臥室是凌亂的，可是很多人的臥室卻散了一地自己的東西。有個整潔的環境才會讓自己有好心情，做事的效率才會提高，而且乾淨的環境對身體健康也有幫助。這些是每個人都知道的事，所以當你看到這裡時趕緊回想一下，自己臥房裡的桌面和地板上是否堆滿了雜物。

要維持窗明几淨、井然有序的家，不是件容易的事情。一個家的整潔不是管好自己就可以，還必須大家一起維護，萬一家中有誰習慣不好，想要維持整齊清潔，還可能會引起家庭衝突。

當然，維持房子的整潔不必像經營樣品屋一樣，若能養成隨手將用過的東西放回原位的習慣，就不必總要費心整理，而且保證你能天天保持心情愉快。再說，整潔的房間自然會產生好的氣場，每天生活在窗明几淨的環境裡，環境帶來的正面影響就先贏了一大半，想要擁有正面的情緒就更容易了。如此，即使下班後非常疲倦，一開門看到乾淨整潔的環境，心裡絕對會馬上放鬆不少。

62. 床上桌，增添生活上的情趣

有沒有發現，電視或電影上常看到有錢有閒的人坐在床上吃早餐，又或是舒適地坐在床上使用筆電的畫面……這些畫面會不會讓你也想要有張桌子，慵懶地坐臥在床上做事情？你不妨為自己挑張活動或折疊式的床上桌，來增添生活上的情趣。

此外，現代的傢俱設計時尚簡約，越來越看不見傳統的床頭櫃式設計。而當床的設計變得美觀，床邊可擺放東西的機會便相對減少，因此在臥室裡準備一張床上桌就變成一種可以考慮的選項。

畢竟，你總會在睡前想喝一杯水；你總會需要一個鬧鐘；你總會三不五時的想在睡前聽個音樂；你總會想在睡前看本書或雜誌……這些東西你不能全都擺在床上或塞在枕頭下，讓整張床變得凌亂。不過，如果要你老老實實的把這些東西放在離床幾步之遙的桌子上或櫃子上，相信很多人一定會「懶惰上身」，不想起身。

以上說的情況貼切嗎？那你就不得不承認你需要床上桌了。記得挑選的原則是「要可以彈性使用的」，例如折疊方便，或是有滑輪方便移動；因為你不會在上面擺很重的東西，又或者房內空間不大……盡量挑選可以讓床上桌運用得更靈活一些的款式，來讓你的臥室活動空間多點彈性。

63. 打造舒適的空間

許多人的夢想是能夠住在通風良好、採光充足、視野優美和舒適溫暖的屋子裡。不過因為經濟因素或地段等現實條件影響，多數人都無法住在自己心儀的屋子裡。因此如何在室內設計裡下功夫，打造放鬆舒適的環境來改善生活品質，就變得很有關係。

人的一生中，總是會有幾樣東西是無法捨棄的，例如某次旅行中發現的特別紀念品；總是無法割捨的日記本；寒冷冬天會讓你感到溫暖的毛襪……即便它們並非精品名牌，但只要放在身邊，就會讓人感到放鬆。假如你的臥室有這些接近生活的自然素材，就很容易著手來佈置令你感到舒適、放鬆的空間。

當然，每個人對舒適、放鬆空間的風格與定義都不同，不管是走簡約風、奢華風，或是可愛、搖滾風等，都要記得一個重點——房間的整潔及收納是相當重要的。唯有把東西巧妙收納起來，保持房間整齊，才是舒適的第一要素。再怎麼說，舒適的空間是打造良好睡眠環境的不二法門，也是人們對「家」重要的依賴感與歸屬感之一，有了舒服的環境，才能天天都是好生活。

64. 燈光的選用

「華燈初上」，霓虹燈將夜晚妝點得更加美麗。夜是光的發揮時刻，許多國家的大城市更將自家的夜景納入都市的觀光計劃當中，自夕陽西下開始，天空從橙黃色轉為紫黑色的氣氛下，多少人沉醉在這浪漫的光線饗宴裡，久久駐足不去。

當你在回家的路上，欣賞過夕陽的美景之後，回到家時可曾想過，家中習以為常的燈光，在生活的作息裡其實有著不小的影響力？例如你房間的燈光是黃色還是白色的居多？有沒有發現，房裡的小夜燈都是以黃色的燈光為多，這是因為黃色的燈光所營造出來的是柔和的光線，它是比較適合夜間活動的光線。而照明用的白色燈光較具穿透性，是適合一般日常活動用的燈光，時常使用在廁所和廚房的空間裡頭。

燈光該如何選用，以營造良好的生活空間，在室內設計的空間美學上已受到一定程度的重視。而且，現在燈飾的設計也很進步，選用一盞有六到八個燈泡的燈具，並隨著作息需要去更動白色與黃色燈光的數目，讓房間的光線永遠都處在你最需要的氣氛下，已經是現代人在購屋和著手進行室內裝潢時不可忽略的一項。

65. 舒眠的柔和燈光

大多數人總以為日光燈比燈泡好，其實這種想法有待修正。從「質」的方面來考量，日光燈的光線每秒內閃動多次，容易引起眼睛疲勞。此外，日光燈對近距離使用的工作者而言，亮度太強，不如燈泡來得柔和。燈泡的光線，較日光燈更接近自然的原色。

所以在選擇住家的照明設備時，可以選擇LED燈泡，至於燈泡的光線要白色或是黃色，則是看個人喜好。一般來說，臥室的燈光均較為柔和，而現在的燈具設計也分成很多層次：有全白的、一半白一半黃、或是只亮幾盞黃燈等功能。

在居家環境品質的提升上，已有不少家庭採用間接照明的設計來營造室內環境，例如把燈嵌在天花板或牆壁內，一方面具美化效果，二方面在光度的調配下更符合現代人想營造的休閒氣氛。

燈光每天一定都會使用到，卻很容易被大家忽略，想要擁有良好的生活環境並安穩舒眠，正確選擇燈光也是重要的一環。

66. 營造放鬆身心的室內氣氛

要講究室內的氣氛，每樣佈置都不可馬虎。以臥房來說，因為它是陪伴自己睡眠和養精蓄銳的重要場所，所以素材的挑選相當重要。例如地板的選擇，有：光亮好清理的瓷磚地板、氣派的大理石地板、溫馨的木質地板……這完全要看你想營造怎樣的室內氣氛。

還有床、被單的挑選也非常重要。一套好的床、被單，除了可以有效增加房間的質感，馬上看出主人的品味之外，最重要的是，它是你睡眠時最貼身的一樣東西，關係到你的睡眠品質。

另外像是房間的燈光，如前所述，黃色的燈光或是夜燈的設計，都可以讓你在入睡前更加舒適。更講究的像是在房內點些精油、薰香，或是放上一盆鮮花，播放一首好聽的音樂，在有形及無形中，讓你的視覺、聽覺、嗅覺都有很好的享受，這也是注重房內氣氛所不可少的。

而除了這些有形及無形的室內佈置及氣氛外，最基本的室內通風和保持空氣清淨也很重要。常開窗戶保持空氣流通、使用空氣清淨機等方法都是相當不錯的。

67. 為房間妝點喜愛的色彩

即使每個人都有自己喜歡的色系，但室內設計的顏色通常還是以暖色系居多，因為色系會帶來視覺和感受上的影響。當然，並不是一定要整個都採用同一色系不可，也許主牆面是玫瑰白的暖色，窗簾就可以挑米色、淡黃或是淡藍等你喜歡的色彩；衣櫥或是五斗櫃也可以挑選和窗簾等其他傢俱可相映的顏色，讓屋子到處都可以看到你喜歡的顏色。

室內設計的色彩選用，最好是以明亮色系為主，這樣一進房間才會有好心情，如此長期待在裡頭活動或是睡覺，才不會潛移默化地受了影響而不自知。尤其在學業或是工作上有壓力的人，房間色系的挑選就格外重要，因為它會直接影響你晚上回家後的情緒變化。

或許有些人不喜歡屋子內東一個顏色、西一個顏色，於是選擇簡約風格的室內設計。它可能就是整體都以白色或是大地色系為主，這時候你就可以在擺飾上下點功夫，例如變換色彩，像是擺個色彩鮮豔的小鬧鐘、彩色衣架，或是一個設計優雅的鏡子等。東西雖小，可你的房間會因為這些彩色的小東西而有了新的氣象，讓你更喜愛自己的舒適小窩。

68. 回家換上家居服

所謂氣場就是氣體可以運轉流通的場所。只要是會呼吸的生物，其本身就是一個有機氣場。若是無機物的話，只要其內部有氣體可以流動，也會有氣場！舉凡有氣體流動之處，它本身便會帶有一定的正、負極的磁變化，也會產生一定的力量（推力、拉力），而這種力量便是能量。

當一個人在室內活動，人身體產生出的能量及氣場，就會直接與室內的氣場相互作用。所以，如何不讓室內的氣場變成阻礙你運氣或是身體機能正常運作的空間，就是你需要注意的課題。

一般來說，房間除了要常保整潔，物品要有系統的擺放與歸類，以及記得打開窗戶讓室內的空氣流通之外，身上的衣著也是一個重點。很多人會有一個不好的習慣，就是一回家便往床上躺，也不先換掉身上的衣服。

無論你在外面保持得多麼乾淨，身上還是會沾染了很多戶外的混雜氣息，所以回到家記得一定要換上家居服，一來是衛生整潔的觀念，二來這樣才不會讓外頭複雜的氣息影響你的房間氣場。當然最重要的，在家就是要放鬆，換上家居服，當然是最舒服的。

第八章

為明日的活力做準備

69. 睡前不吃澱粉類食物

吃過多澱粉類的食物，容易讓人變胖。所以不論是想減肥或是要維持體重，基於健康的原則，都不宜在晚上八點過後再攝取澱粉類的食物，因為這樣就等於是誤餐。

一旦誤餐的話，千萬不要以你剛才沒吃到正餐為藉口，在不應該吃很多東西的時間吃進原來要吃的食物的量。例如你原本晚上七點要吃晚餐，卻拖到八、九點才開始吃，這時就要考量到時間，以及待會要就寢的問題，在用餐的時候就要主動減量，不然就是多吃一些輕食類的食物來代替你原來想吃的東西。

畢竟，不論你再怎麼餓或是當天吃的東西再少，只要過了晚餐時間以後再吃東西，都算是宵夜。意思就是宵夜會屯積熱量在你的身體裡，長期下來會造成肥胖。當你晚上想吃東西時，盡量選擇清淡的蔬果或是牛奶來止飢就好，因為即使吃的東西熱量再低，對身材還是有影響。

另外，夜間是身體的休息時間，腸胃蠕動會減緩。若在睡前吃東西，食物長時間停滯在胃中，會促進胃酸大量分泌，對胃黏膜造成刺激。久而久之，易導致胃黏膜潰瘍、抵抗力減弱，這些都是造成胃功能下降，使身體不健康的主因，不可不慎。

70. 培養品酒的興趣

一天下來，倘若你的工作讓你身心俱疲，這時可以來杯含酒精的飲料，但是要記得，要是你想放鬆就不要去太過擁擠的酒吧。坊間推廣睡前喝杯紅酒的觀念已行之有年，加上一般紅酒的售價並不高，適度培養自己品酒的雅興，對中老年人來說也是一種不錯的保健方法。

紅酒中含有大量的酚類物質，可以抗氧化、防止心血管疾病與降低膽固醇。另一方面，大部分的人食物攝取的性質偏酸性，使得身體容易產生病變，而紅酒因其含有大量的鹼性元素，能緩和酸性，讓身體更健康。

在睡前來杯紅酒既保養身體又能增添生活的情調，加上它能讓你有好一點的睡眠品質，可以說是好處多多。可前提是你要懂得如何品酒，把酒當成情趣、當成好朋友，而不是以豪飲來表現自以為是的品味，這點相當重要。

當然，最基本的就是藉由慢慢培養品酒的興趣，來讓你的酒量漸漸進步，才能開始真正懂得什麼是品酒的樂趣。不過如果你是個毫無酒量，一喝就醉的人，這方法就還需要再考慮了。

71. 泡半身浴紓壓

精神緊張、壓力大是現代人生活的通病，不過只要每天花個十分鐘，用家中唾手可得的物品放鬆自己，就能擺脫緊張情緒。

最適合在晚上做的紓壓活動就是泡澡了。雖然說節省水資源是目前全球倡導的觀念，但這裡的做法不需要你天天泡澡，而是在週末或是特定的日子裡，一個月泡上一兩次，相信這個紓壓方式會是你每個月當中最享受的一件事。

你可以在浴缸裡放好溫熱的水（以不超過攝氏四十度為準），滴上幾滴你喜歡的精油，或是在浴缸旁點上香氛蠟燭，如果可以的話，將浴室的燈光調暗，甚至是關上燈，在特別營造的氣氛下，給自己一個放鬆的情境。

記得泡澡的水位要在胸部以下，避免壓迫到心臟位置，時間最好不要超過二十分鐘，這一來是擔心水溫變涼容易感冒，二來是要注意流失過多的水分。因此一般建議是，在泡澡時最好在旁邊擺一杯水，不時的補充水分。起身之後儘快把身體的水珠及汗珠都擦乾，再擦上身體乳液。這時候，你的身心大概都已經得到了最滿意的紓壓狀態（有的時候是要這樣好好對待自己的身體）。

然而，要享受泡澡所帶來的紓壓暢快之前，千萬要記得不要一吃飽就去泡澡。記住這個要點之後，相信經過洗滌的身心能為一天劃下完美的休止符，同時替明日的活力做好萬全準備！

72. 釋放內心的苦悶與煩躁

想要釋放內心的苦悶與煩躁？冥想是個不錯的方法。看到「冥想」這個詞，你可能覺得非常抽象，因為它原本是宗教活動中的一種修心行為。不過，現今冥想已廣泛運用在許多心靈活動的課程中，而且方法不勝枚舉。有坐禪的冥想，也有站立姿勢的冥想，甚至是舞蹈式的冥想。另外，祈禱也是冥想、讀經或念誦題目也算是冥想的一種。以另一種方法簡單來說，看部喜歡的電影、聽聽最喜歡的音樂（古典、爵士等），或是興奮地計劃自己的未來，都可以算是冥想的方式。

有越來越多的報導指出：不論是靜坐或冥想，對身心都有很好的舒緩與改善作用，而且這個方法沒有場地、時間的限制，當然，更沒有服裝的要求，只要一切自然舒適即可。而靜坐或冥想一旦得法，便相當適合忙碌的現代人。所以當你靜坐或冥想休息時，心跳會放慢、血壓會下降，精神緊張的症狀會明顯改善，便是成功的冥想。

當然，不是只有上班族或學生才會感受到壓力，家庭主婦、退休的中老年人也都需要適時的放鬆來讓自己達到一種平衡的狀態，以應付瞬息萬變的社會。在現代這個複雜的大環境下，你我都要為自己找一個紓解壓力的出口，並學著釋放內心的苦悶與煩躁，畢竟在精神疾病已變成文明病的現在，如何讓自己的心情常保健康開朗，是大家都要學習的一項重要生活課題。

73. 適度放鬆，充飽電量再出發

現代人好像沒有人敢說自己完全沒有壓力。一般人都認為壓力就是精神緊張，其實壓力是人體對任何需求所表現出來的一種反應，所以日常生活中身體所需承受的負荷，都可視為壓力。

人有壓力並非壞事，因為壓力也代表著一種社會地位的象徵。人體的運作本來就能夠承受與排解各種壓力；壓力會使人更具生命力，或者激發不可知的潛能。然而，它之所以會危害人體，在於所承受的過重，或時間持續太久，甚至次數（發生頻率）太頻繁。一旦自身又無法解壓，危害便不言而喻了。諸如現在有許多的精神疾病，躁鬱症、憂鬱症等等，許多都是導因於壓力過大，無法適度紓壓所造成。而其他常見症狀則有頭痛或胃痛，這些小病小痛都是壓力過大，身體發給你的警訊。

我們該如何排解過多或是過於頻繁出現的壓力呢？以下有幾種簡單的方法：

(1) **大笑**。俗話說：「笑能治百病」，大笑時，體內緊張的激素會下降，免疫力相對增強。而且笑可以悅己悅人，何樂而不為？

(2) **聽音樂**。欣賞音樂，可讓血壓和脈搏穩定，音樂對於人心靈的療癒是超乎想像的，有時甚至會影響人一輩子。

(3) **旅行**。在工作繁忙之餘，要選擇一個最快的放鬆方式，旅行通常是多數人的首選。不論遠近，一趟旅行都能夠為你帶來意外的收穫和滿滿的元氣，讓人們可以重回崗位，充飽電量再出發。

當然，平時你心中就要抱持正面想法，多想些好事，減少負面情緒就能減少精神負擔。有空時去散散步，有助於心情平靜，同時放慢呼吸、放鬆肌肉。總之，適度的壓力會讓你更有動力前進，離夢想更近一步，但在努力追求夢想的同時，記得養成一些好習慣，不要讓壓力變成你接近夢想的絆腳石。

74. 穩定情緒的薰衣草香

薰衣草有著濃郁的花草香氣，又被稱為「寧靜的香水植物」。它具有鎮靜的作用，可以安定心情、鬆弛神經、紓解壓力，更可以減輕感冒初期的咳嗽症狀，同時也是緩解偏頭痛的理想花茶。身心感覺不舒服時，可以吸入或塗抹少許薰衣草精油來使自己放鬆，同時減低和平衡不安緊張的情緒。

也因為薰衣草本身特性的關係，很多沐浴產品及身體護膚乳液都喜歡以它作為香味來源。而薰衣草也很適合在晚上使用，因其相關產品有助於放鬆情緒以達到安眠的效果。如果你有點精油或香氛蠟燭的習慣，在夜晚嗅聞薰衣草的香味，心情緩和後再入睡，是非常棒的一種享受。

適當正確的睡眠，是保持健康及年輕的祕訣之一。要保養心靈年齡的年輕和穩定情緒，嗅聞薰衣草可以幫助你達到內外兼備的效果，不妨試一試！

75. 睡前欣賞美麗的事物

你有沒有發現，小朋友的床邊故事及童書，內容一定都是非常溫馨，容易讓人感動呢？而當小朋友聽完這些故事時，不僅能帶著笑意入睡，同時也能潛移默化地教導他們將來該如何正面看待社會事物。

身為成年人的你，也應該在睡前看一些美麗的事物，它可能是一本印刷精美的旅遊圖集，不需要你花太多腦筋去閱讀，但藉由書籍中美麗的圖片，讓你的腦海產生畫面來神遊其中，達到比文字閱讀更深一層的想像。

你也可以看一些溫馨的電視節目，讓它來告訴你人間有愛，世界處處有溫暖。因為心情受到淨化，所以任何事物輸入到你的腦海中會自動排除不好的雜質，進而產生正面的想法，你眼裡的世界將會變得更美好。

你都是在哪些地方看到美麗的事物呢？是否覺得它們有幫助你在睡前放鬆情緒的功效？保持好心情入睡，還能讓隔天起床時活力滿滿喔！

76. 為明天的挑戰做好準備

如果你睡前會有不安的情緒，除了天生多慮的個性或是壓力過大造成的之外，沒有為明天的挑戰做好一個對策或是方針，也是不安的因素之一。這個對策或方針並不是真的要你馬上去做的計畫，而是你心中的一個藍圖，這張藍圖是幫助你定下心來的一件物品，將它放在你心裡，會讓你有種踏實的安全感。

具體來說，假如你明天早上要去面試或是見一位重要客戶，除了必須要準備好的書面資料和相關口條的訓練之外，服裝儀容也是很重要的一個關鍵。建議你在睡前，除了再檢視書面資料是否有缺失，以及是否已有一套應對的台詞之外，還需要想好明天衣著該怎麼搭配，第二天一早才不至於慌慌張張，沒時間好好思考，最後亂了方寸。

要是明天有一場硬仗要打，心中的那張藍圖和上戰場所需的戰袍，是否都已安排妥當，關係著當晚你能不能有個安穩的睡眠，因為只有心中踏實了，不安的情緒才不會一直影響著自己。

77. 感謝自己，自信迎接每一天

一個人要懂得感謝才會設身處地為他人著想，感謝自己得到眾生許多好處：我們不種田有飯吃；不紡織有衣服穿；不是建築師和建築工人，卻有房子住……這些都應該感謝。

然而，當你在睡前祈禱，感謝天、感謝地、感謝眾神，感謝過所有你想感謝的一切時，不知有沒有想過要感謝自己？

有時候感謝完外在的一切事物，你也該對身體的每一個器官保持感謝的心。譬如說明天要參加一場重要的考試，你不會希望身體在考試的時候給你出個小問題，讓你肚子痛頻跑廁所。所以你得自己和身體器官做溝通，它會知道你的需要進而完成你的願望。那麼，在你無病無痛、平平順順地過完一天時，能夠不感謝自己嗎！

當你完成與自己的身心對話之後，會更加了解自己的想法，這時自信便油然而生，不必靠外在的成功或稱讚，就能因為了解自己而有自信。這種自信，會讓你不斷產生進步的鬥志與勇氣，持續保持用正向的態度與想法來迎接每天的挑戰。

第九章
夜晚的好習慣

78. 不要讓工作思緒干擾睡眠

現在的人居住空間比較狹小，尤其是住在寸土寸金的大都市裡，很多人無法有完整的空間規畫，於是將客廳和廚房混在一起使用，或是臥室搭書房合為一間，以在最經濟的空間下做最大的用途。不過，如果你是睡眠情緒容易受干擾的人，就要特別注意了，因為在臥室中若還擺有工作桌或電腦，睡眠品質可是會受到影響的。

要是實在受限於空間，電腦及工作桌不得不放在臥室裡，記得不要養成在床上用筆記型電腦，或在床上看電視，然後想睡時倒頭就睡的習慣。也記得不要隨手把工作日誌或是手機這樣的東西放在床頭櫃上，因為這會讓你的睡眠情緒受到工作思緒的干擾，進而造成睡眠品質不佳。

另外，單身女性假使在職場上表現得可圈可點，卻一直覺得桃花運不好，或是一直把重心放在工作上，沒有時間好好找對象談戀愛，請看一看自己的臥房是不是充滿著工作的影子，這可是會影響桃花上門的喔！

79. 記錄工作進度

你是不是有過這種經驗：明天要出國去放個大假了，心裡卻感受不到要放假的興奮感，老是想著公司的哪件事還沒解決，又或者是想著明天你沒進公司，公事會不會照常進行，會不會出什麼紕漏之類……於是你一直處在莫名的不安情緒中，不斷地查看電子郵件，直到入睡前還是擔憂不已。

這些其實都是庸人自擾，擔心根本不會發生的事情只是浪費時間。為了要避免這樣的情況發生，最好的辦法就是平時養成記錄工作完成度的動作。

你有使用過拍賣網站的經驗嗎？有空可以仔細看看上面的交易紀錄和一些特殊的選項以及提醒功能（例如付款、交易提醒、已給評價等機制）。你可將這種提醒方式利用在你的工作清單中，搞清楚自己到底完成了哪一些工作。

不管你是否有專屬的行事曆，或是習慣用手寫方式記錄事情，還是喜歡用網路、手機的提醒功能等等，每日列下你該做的事情，並在完成之後順手畫個×，或是用紅筆記錄一下執行結果，免得有些事連你自己都搞不清還重複做，徒增煩惱。而且，請他人代理你的工作時，這樣做也會清楚得多。

一旦你養成這樣的習慣，假若在睡前還為了無謂的事情煩心或不安的話，順手檢閱一下自己的工作進度，你將會安心許多，更容易沉靜地入眠。

80. 半夜精神不佳時別寄郵件

在電子郵件氾濫使用的現在，很多人在收信時都會有一種壓力。如雪片般寄來的信件，有許多是垃圾信件、有許多是客戶抱怨的信件，又或者是老闆的指責信件。如何快速抉擇是否該刪去還是保留，變成許多人時時得面對的一件事情。如果不希望自己寄出的信件變成別人收信時的困擾，請注意——別在深夜發出郵件。

什麼樣的人會在深夜寄信給別人？扣除國際間時差問題不算，許多人都是半夜睡不著覺，腦子塞滿焦慮的問題，或是因為睡不著而產生負面情緒，於是這個時候想起今天某件公事沒有處理好、哪件事和朋友起了爭執，當下便發了封信給下屬、同事，或者是朋友，但是你無法確定用字是否妥當，由於處於負面情緒，你無法知道自己到底在半夜寄了怎麼樣的信件給別人。

而收信的人也是一樣，當一早打開信箱看見了這樣令人不悅的信，檢查一下發信人的時間，一半以上都是在半夜發出來的。這樣的經驗，相信很多人都有。所以，為了確保自己的郵件不是別人眼中的討厭信件，最好不要在半夜精神不佳的狀態下亂寄信，信的內容不妥就算了，也有可能因為頭昏眼花，而把信寄到別人的信箱也說不定啊！

81. 避免晚上講電話

你習慣就寢的時間是幾點？即使現在都市化的程度普遍，就寢的時間越來越晚，不過還是有些人因為工作關係或是因為家中有老人、小孩等，需要配合全家人的作息和就寢時間，所以時間太晚就不喜歡別人打電話打擾。

目前手機使用普遍，如果晚上真的有什麼事情需要聯絡，傳訊息似乎比較好一點，至少你打擾到的只是他個人而不是全家人。

有些人喜歡在晚上打電話給別人，也沒什麼重要的事情，就是喜歡聊天扯是非，這其實是不太好的習慣，因為每個人晚上都需要留給自己一點私人時間，扣掉每天必做的事情，能好好休息的時間並不多，如果對方的時間又被你的聊天電話所占據，即使他不好意思掛電話，心裡多少還是會對你的行為扣分。因此晚上講電話，最好把握長話短說以及講重點的原則，儘量避免造成別人困擾。

另一方面，講電話時很有可能因為聊得太開心，以至於音量不自覺的提高，如此也會影響到家人甚至左鄰右舍的安寧，所以晚上講電話這件事，還是有很多地方需要注意。此外，無論電話內容是講他人是非、抱怨生活瑣事、分享喜悅等，難免都會影響自己入睡前的心情。畢竟睡前最重要的是平靜與安定，生氣或是太high的通話內容，都會影響睡眠的情緒。

82. 別將休息時間全部奉獻給手機

看手機是現代人每日必做的行程之一，吃飯滑手機、休息時滑手機、睡前也在滑手機……因為看手機，你回家後的時間，有一半以上都花在滑手機上，除了基本的寒暄之外，你跟家人真正聊天相處的時間是否比看手機還少？只要拿著手機在沙發上坐上半個小時，人體的新陳代謝與活動力都會下降，而久坐不動，本來就是造成肥胖，以及使身體代謝降低的原因之一。

再加上許多人喜歡利用下班後的時間看手機追劇，要是你正好在追一些較緊張刺激或是血腥的影集，這些負面字眼及影像、擴大分貝的音效，會悄悄進入到你的腦海裡，影響你的情緒。

晚上的八點到十一點是夜間活動的精華時段，健康的就寢時間最好是在十一點以前，許多你想做的事情最好都在十一點前完成，要是你把這一天精華的休息時間全都奉獻給了手機，少了與家人的互動，或是步出室外做點舒緩的夜間運動，那麼你實在不算是個會利用時間的人。

83. 熬夜影響精神

手機、電視、網路和五光十色的外在環境，影響現代人的作息，容易使人長期處於「睡眠負債」的狀況下。一個人如果長期處在睡眠負債當中，不僅會影響情緒和工作上的表現，還會降低記憶力、警覺性、注意力和判斷力，同時加速老化、造成肥胖，甚至引發其他嚴重的疾病。因此長期熬夜念書、上網和加班工作，對身體完全是一大傷害。

很多人以為每天只睡五、六個小時，到週末再來睡十個小時就可以補回來，這是不對的觀念。一個晚上的睡眠不足，需要補四至五個晚上的睡眠量才能補回來！假如長期睡眠失衡，會造成大腦的機能受損，很難再回復正常，即使連續補眠再多天也修復不回來！

要避免有睡眠負債的情況，就要養成正確生活習慣。熬夜不只影響身體健康，還影響第二天的精神。通常熬夜後的隔天，容易精神不濟、記憶力減退，會讓人對你的表現力、執行力產生問號，所以不可輕忽熬夜的影響，尤其年紀大的人更不可為之。

好好規劃下班下課回到家之後的時間，念書、做家事、家庭活動、上網等晚上會做的事情，儘量安排在十一點以前完成，因為十一點以後是肝臟排毒的時間，它需要在睡眠中進行。此外，倘若你想要有健康的身體，除非必要，不要做晚班的工作，因為那真的是跟自己的身體過不去，賺來的錢都拿去買保養品或藥品，是得不償失的。

84. 寫日記抒發情緒

寫日記是抒發一天情緒的好方法，就筆者的看法而言，晚上適合沉澱，如果你有什麼苦和樂，可以先去瀏覽別人的部落格或臉書來轉移目標（但別隨意留負面情緒的字眼在別人的留言版裡），等你確定自己可以平靜寫出當日心情時，再決定是否要寫日記。

當然，隨著科技的日新月異，寫日記的方法不再像以前一樣用筆寫在日記本上，更多人選擇用部落格來寫日記。不過用部落格寫日記要記得，你這一天當中最原汁原味的喜怒哀樂，若沒有設定好密碼的話，就會有一票人一同閱讀你的心情，這時若要再反悔、修改或刪除可就來不及了。

古今中外，人們均藉由寫日記獲得了內心的平靜與意外的精神收穫，更多時候寫日記同時也是一種心靈的治療。當你把不願公開吐露的心事與想法寫出來，就是讓自己面對這一切，難怪有人說寫日記具有反省與紓壓的功能，而且歷久不衰。

85. 數羊平靜心情

睡不著的時候數羊，是大家都知道的方法，也是一個相當老套的方法，但不可否認的，它偶爾還真的頗有效用。

數羊主要是營造一種單純的情境，人如果一直處在一個很單調、無趣的環境下就容易打瞌睡。這道理就像上課時，你聽著老師講解不懂或是沒興趣的課本內容便會睡著一樣，數羊就是為了要營造這樣的環境。

睡不著不一定要數羊，也可以放一些節奏比較單調的樂曲來幫助睡眠。當然，不一定要用輕音樂類型的曲子，一些像是宗教音樂之類的心靈音樂，助眠的功效跟數羊有異曲同工之妙。另外，重視嗅覺的人也可以配合薰香來幫助自己入眠，前面介紹過像是薰衣草等有助眠及安定情緒的精油或香味，都是可以搭配在一起使用的。

至於數牛、數豬難道就不易入睡？前面說過，這只是營造一種單調情境的方法，數羊只不過是因為其溫馴的個性還有純白的外型，加上牠生活在一大片草原上的那種聯想，比較容易讓人快速進入平靜安穩的心境，進而有助於進入睡眠的情緒罷了。

86. 寫張感謝的明信片

還記得出國的時候，因為看到了期待已久的風景，體驗了很多新奇、令人難忘的愉快經驗，所以會想要寫張明信片給喜愛的親友一起分享的感受嗎？明信片的特色就是：雖然讓你寫字的地方不多，可是收到的人都能從你簡短的字句及印在上面的美麗異國風光，而感受到你的愉快。

當你因為煩人的事而睡不著的時候；對明天令人期待的事興奮不已而睡不著的時候……不管是好事還是壞事，你永遠都要記得抱持著正面的想法來看待明天，假如這時想要轉換心情來幫助入眠，有一個好方法：寫張感謝的明信片。

這張明信片不一定是要寄出去的，只是當你抱持著正面的想法時，可以把美麗及感恩的文字寫在印刷精美的小卡片上，來達到某種程度的心靈治療。當你有機會把平常因為害羞而無法當面表達感謝的話，用文字表達出來，這是一種感情的宣洩。

在你累積了許多張這樣充滿感恩的小卡片之後，你會發現原來自己一直都被愛包圍著，內心自然不會感到空虛，許多事也都能以正面的態度去面對，也會有能力去散發你的光和熱去影響其他人。這強大的力量，就是在你睡不著的夜晚，藉由寫感謝小卡片的時候，所慢慢累積出來的。你相信這種小卡片的力量嗎？不妨試一試！

第十章

一夜好眠，
心情自然好

87. 夜間溼度的控制

冬季，很多人都有皮膚乾燥、缺水的問題，即使在夏天，也會因為時常待在冷氣房裡頭，導致皮膚缺水而不自知，於是保濕的問題可說是每分每秒都受到重視。

皮膚一旦缺水，膚況不佳自然容易產生細紋或是過敏、紅腫等問題，這些都是會讓皮膚老化的因素。因此，在夜間睡眠時間，除了要關心自己的情緒及心情是否平靜之外，皮膚的問題也要一併注意，這時，就不可不提到夜間溼度的控制了。

當溫度在二十二至二十六度，溼度在四十至六十%時，是最舒適的情況。

一般來說如果室內溼度小於三十至四十％，人就會開始感覺口乾舌燥，並會有想喝水的反應，溼度越小這種感覺越強烈。至於如何維持室內溼度於最佳的狀態，可參考下面的方法：

(1) **適當使用除溼機，使室內溼度維持在四十至五十％之間**。這樣也可以避免塵蟎的問題，因為塵蟎最佳生長溼度是七十五至八十％。不過也要記得，除溼機不要過度使用而導致室內太乾燥。

(2) **保持室內通風良好**。儘量讓陽光有直接照射到房間的機會，不要因為怕冷或是長時間開冷氣而忽略了開窗戶的動作，讓空氣自然流通才有舒適的睡眠環境。

88. 為睡眠品質加分的寢具

「寢具」被解釋成「睡覺的用具」是相當貼切的，床、帳、枕、席、被、褥、毯等都算是寢具。早期的台灣社會，受限於經濟條件及生活型態影響，多數人並不太注重寢具的選擇，但現在大家對生活品質較為注重，加上對健康的考量，開始願意多花時間了解睡眠的重要性，並願意花較多錢購買品質好一點的寢具。

寢具影響健康的觀念日漸受到重視，想想每天至少有六至八個小時要睡在床上，想要擁有良好的睡眠品質，寢具的角色可是相當重要。品質好的寢具，首重一席彈性及材質好的床墊，同時搭配一個高度、硬度適中的枕頭。

有的人偏好睡在木頭地板上，即便如此，也要在木頭地板上墊上一張床墊來睡比較好。因為台灣的氣候潮溼，木板地容易受潮，睡久了身體也會生病。至於床墊的軟硬度就看個人的喜好及身體需要來做選擇，目前好的床墊也許動輒就要價上萬元，但是一張好的床墊可以讓你安眠、紓壓，也可以使用很多年，值得你為自己的睡眠健康來投資。

另外，品質好的寢飾組也非常重要。床是你臥室中最大的傢俱，用品質好的寢飾來佈置，除了可以提升生活品味，讓處在臥室內活動的人有好心情之外，質料好的寢飾也會為你的睡眠品質加分。

89. 舒緩身心的搖籃曲

搖籃曲（lullaby）又稱催眠曲，是一種形式簡單、節奏帶著搖籃的搖盪感，用來安慰小孩的歌曲，最有名的搖籃曲目是由音樂家布拉姆斯所作。會有搖籃曲的出現，原來曾有一段小故事：布拉姆斯的好友，其中有一位是當時著名的作曲家舒曼，而搖籃曲正是布拉姆斯在幫忙照顧精神失常的舒曼，及看顧小朋友時所做的曲子。

其實，不光是小朋友需要搖籃曲，大人在面對忙碌的工作壓力和生活壓力之下，更需要有香甜的睡眠及安穩的心靈來應付隔日的挑戰。而每個人適合的催眠音樂都不相同，只要是能夠讓自己放鬆的，都可以當作自己的搖籃曲，例如沙發音樂、古典音樂，或者是大自然的音樂等，都是不錯的選擇。

至於搖籃曲最大的特色就是曲調緩慢，旋律溫柔協調，有助於穩定心靈、舒緩身心。睡前在這樣的音樂氣氛影響下，可以讓心情變好，香甜地進入夢鄉。

90. 心靈音樂讓你重拾好心情

「心靈音樂」這個名詞越來越受到重視及歡迎，主要原因就是現代人的壓力過大，所以不但在運動時講究心靈音樂輔助，在休閒及睡眠時也需要藉由心靈音樂來撫慰心靈。

而只要具有舒緩壓力、能提升思想層次和改善失眠等幫助的音樂都算是心靈音樂。簡單來說，就是「藉由音樂，給予心靈正面影響」的音樂。

例如，從懷孕開始，許多孕婦會聽一些如催眠曲之類的音樂，即使在睡覺，也能淺淺的感覺到音樂的律動。在肚子裡的嬰兒，每天固定聽著同樣安詳的音樂直到出生，於是相同的旋律便會影響著那個受過音樂薰陶的小小心靈，最後，在他未來的思考以及態度的啟發上，便會達到一種效果。這種些微的改善是在心靈最深處的，不經意地深植在心中。即使你不去聽它，腦海裡仍然會有音樂旋律的餘韻存在。

你熟悉能觸動自己心靈的音樂嗎？這種音樂最適合在睡眠前聆聽，因為在外頭衝鋒陷陣一整天的你，不論遇到好的、壞的、傷心的、衝突的事情，都需要在一天結束之前，找個方法讓情緒平靜，重拾好心情，這時聆聽心靈音樂就是一種很不錯的方法。

91. 竹炭讓你擁有香甜的睡眠

竹炭是竹子的炭化處理，使用高溫讓竹子炭化，並依其炭化的程度（溫度的差異）分成三種等級，用途和作為燃料的木炭或煤炭有所差別。竹炭在日本又被稱為黑鑽石，應用於生活補助機能的目的較多，其中的一級（頂級）品，主要是用於過濾及煮食時用，在煮飯時放上一塊竹炭於米上一起煮，口感會更Q彈好吃。

竹炭也可放進米缸中防蟲、保鮮；剛油漆的房間充滿甲苯、香蕉水等工業用溶劑，氣味刺鼻且不易散，這時只要放置竹炭，便能有效去除空氣中的有毒物質，回復清新的空氣。此外，竹炭也有隔絕電磁波的作用，如果在家電製品周圍放上竹炭，可阻隔電磁波，避免人體受到傷害。

人體在睡眠當中，透過毛細孔的呼吸，每晚大約要向體外排出一杯的水分。隨著室溫上升，排出的水分也隨之增加。如果你也覺得竹炭的功用很有幫助，不妨買一些相關的竹炭產品來營造更舒爽的睡眠環境。尤其用在保暖衣物或是棉被等布料上，不僅讓你穿、蓋起來相當舒適，也可達到安眠的效果。

面對全球暖化問題來臨，竹炭這個可以不斷循環利用的環保產物，已越來越受人們喜愛，若你怕冷又想要有個安穩的好眠，可以考慮購置些竹炭相關的寢具，讓你有個香甜的睡眠。

92. 溫暖雙腳好入眠

在冬天，很多人會有手腳冰冷的情形。在身體還屬健康的情況下，大部分的人都是因為缺少運動，或是不當的節食，造成營養不均衡及血液循環不佳而使手腳冰冷。改善的方法不外乎就是要定期運動、均衡飲食，吃一些溫補食品，睡前泡腳、補充維他命E等。

常聽到很多人說雙腳冰冷，就算穿襪子也無法溫暖起來。通常，在睡前腳部若是無法暖和，便很難入睡，而且睡眠品質也不會太好。而手腳冰冷除了會讓睡眠狀態僅達淺眠的程度之外，半夜也會常常因為手腳冰冷而醒來，於是腳不暖和影響了你整個身體的溫暖度，進而嚴重影響到你的睡眠品質及隔天的精神狀況。

所以，除了平時就要注意飲食、持續運動和養成良好生活習慣之外，也可以做腳底按摩或是泡腳來保持足部的溫暖。雙腳溫暖了，一夜好眠，隔天心情自然愉快。

93. 妥善使用電器用品

冬天因為氣溫低，睡眠時會使用到的電器就要特別注意安全上的問題。暖氣要定時，而且千萬不要把衣物晒在暖氣機上當成暖衣用的工具，避免燃燒的危險。吹暖氣時，也要與身體保持一定的距離，除了避免睡著時燙傷的危險之外，也可以防止皮膚過於乾燥，引起脫皮發癢的情況。另外，睡前可以在身上塗點身體乳液，以維持皮膚的滋潤度，如此使用起暖氣也更為適合。

而台灣溼冷的冬季氣候，讓暖被機變成另一個受家庭喜歡，甚至家家必備的物品。因為棉被要蓬鬆、乾燥才會有溫暖的感覺，睡起來也才會舒服，會越蓋越冷通常都是棉被溼氣太重所致。

冬天來臨時，來個暖呼呼的熱水澡之後鑽進被窩睡覺，是多數人最喜歡的事情了。不過還是得提醒大家注意熱水器的使用，因為吸入過多一氧化碳昏倒的悲劇老是上演，所以要把熱水器擺在室外通風處，並在睡前巡視一下瓦斯是否關閉。睡前細心檢查，保證能讓你睡得安穩活得健康。

94. 蜂蜜水的妙用

晚上喝一杯蜂蜜水，乍看之下是一件會發胖的「自殺」行為，可是有基本健康常識的人都知道，糖分有分成好的和不好的，而蜂蜜就是良好的天然糖分來源。

蜂蜜是營養豐富的天然食品，除水分、糖分外，也含有適量的維生素、礦物質、氨基酸及酵素類等。在挑選時，除了認標章之外，加水沖泡後，真蜜會比較混濁，選購時要多留意。

「朝鹽晚蜜」是中國傳統的養生保健法，在注重養身、瘦身的這個年代，傳統的養生方法可以多嘗試。而古人很早就把蜂蜜用來做食品和藥用，《本草綱目》有記載：「其入藥功能有五：清熱也，補中也，解毒也，潤燥也，止痛也……能調和百藥而與落草同功。」依照現代的西醫理論，蜂蜜有助於整夜保持血糖平衡，避免早醒，尤其對經常失眠的老年人來說效果更佳。

在晚上臨睡前，喝上一杯蜂蜜水，讓蜂蜜為你養脾氣、除心煩，使你心神安定，好睡好眠好入夢。

你可以不用活得這麼累—
94種減壓練習，天天擁有最佳狀態

作　　者	Tess Liu
發 行 人	林敬彬
主　　編	楊安瑜
編　　輯	林奕慈
特約編輯	李彥蓉
內頁編排	林奕慈
封面設計	張雅翔
編輯協力	陳于雯
出　　版	大都會文化事業有限公司
發　　行	大都會文化事業有限公司 11051 台北市信義區基隆路一段 432 號 4 樓之 9 讀者服務專線：（02）27235216 讀者服務傳真：（02）27235220 電子郵件信箱：metro@ms21.hinet.net 網　　址：www.metrobook.com.tw
郵政劃撥	14050529 大都會文化事業有限公司
出版日期	2019 年 01 月初版一刷
定　　價	280 元
ISBN	978-986-96672-8-9
書　　號	Growth-101

◎本書如有缺頁、破損、裝訂錯誤，請寄回本公司更換。
版權所有　翻印必究
Printed in Taiwan. All rights reserved.

國家圖書館出版品預行編目(CIP)資料

你可以不用活得這麼累：94 種減壓練習，天天擁有最佳狀態 / Tess Liu 著 . -- 初版 . -- 臺北市：
大都會文化，2019.01
224 面；21 × 14.8 公分
ISBN 978-986-96672-8-9(平裝)

1. 抗壓 2. 壓力 3. 生活指導

176.54　　　107016869

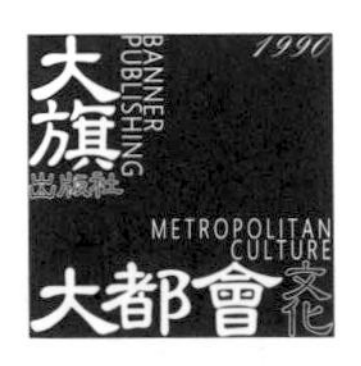

大都會文化　讀者服務卡

書名：你可以不用活得這麼累—94 種練習，天天擁有最佳狀態

謝謝您選擇了這本書！期待您的支持與建議，讓我們能有更多聯繫與互動的機會。

A. 您在何時購得本書：______年______月______日

B. 您在何處購得本書：____________書店，位於____________（市、縣）

C. 您從哪裡得知本書的消息：

1. □書店　2. □報章雜誌　3. □電台活動　4. □網路資訊
5. □書籤宣傳品等　6. □親友介紹　7. □書評　8. □其他

D. 您購買本書的動機：（可複選）

1. □對主題或內容感興趣　2. □工作需要　3. □生活需要
4. □自我進修　5. □內容為流行熱門話題　6. □其他

E. 您最喜歡本書的：（可複選）

1. □內容題材　2. □字體大小　3. □翻譯文筆　4. □封面　5. □編排方式　6. □其他

F. 您認為本書的封面：1. □非常出色　2. □普通　3. □毫不起眼　4. □其他

G. 您認為本書的編排：1. □非常出色　2. □普通　3. □毫不起眼　4. □其他

H. 您通常以哪些方式購書：（可複選）

1. □逛書店　2. □書展　3. □劃撥郵購　4. □團體訂購　5. □網路購書　6. □其他

I. 您希望我們出版哪類書籍：（可複選）

1. □旅遊　2. □流行文化　3. □生活休閒　4. □美容保養　5. □散文小品
6. □科學新知　7. □藝術音樂　8. □致富理財　9. □工商企管　10. □科幻推理
11. □史地類　12. □勵志傳記　13. □電影小說　14. □語言學習（_____語）
15. □幽默諧趣　16. □其他

J. 您對本書（系）的建議：

____

K. 您對本出版社的建議：

____

讀者小檔案

姓名：______________ 性別：□男　□女　生日：____年____月____日

年齡：□ 20 歲以下 □ 21 ～ 30 歲 □ 31 ～ 40 歲　□ 41 ～ 50 歲 □ 51 歲以上

職業：1. □學生 2. □軍公教 3. □大眾傳播 4. □服務業 5. □金融業 6. □製造業
7. □資訊業 8. □自由業 9. □家管 10. □退休 11. □其他

學歷：□國小或以下 □國中 □高中／高職 □大學／大專 □研究所以上

通訊地址：______________________________

電話：（H）______________（O）______________ 傳真：______________

行動電話：______________ E-Mail：______________

◎謝謝您購買本書，歡迎您上大都會文化網站（www.metrobook.com.tw）登錄會員，或至Facebook（www.facebook.com/metrobook2）為我們按個讚，您將不定期收到最新圖書資訊和電子報。

你可以不用活得這麼累

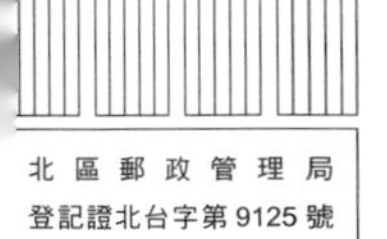

大都會文化事業有限公司

讀　者　服　務　部　　　　　收

11051 台北市信義區基隆路一段 432 號 4 樓之 9

寄回這張服務卡〔免貼郵票〕

您可以：

◎不定期收到最新出版訊息

◎參加各項回饋優惠活動